일본어가 반듯하게 **무럭무럭** 자라는

すくすく
日本語
초급독해

すくすく
日本語
초급독해

초판 1쇄 인쇄 2008년 8월 25일
초판 1쇄 발행 2008년 8월 25일
초판 17쇄 발행 2025년 2월 13일

지 은 이 | 하영애 노지영
펴 낸 이 | 박경실
펴 낸 곳 | **PAGODA Books** 파고다북스
출판등록 | 2005년 5월 27일 제 300-2005-90호
주   소 | 06614 서울특별시 서초구 강남대로 419, 19층(서초동, 파고다타워)
전   화 | (02) 6940-4070
팩   스 | (02) 536-0660
홈페이지 | www.pagodabook.com

저작권자 | ⓒ 2008 하영애, 노지영

ISBN 978-89-6281-007-3 (18730)

파고다북스   www.pagodabook.com
파고다 어학원   www.pagoda21.com
파고다 인강   www.pagodastar.com
테스트 클리닉   www.testclinic.com

머리말

3개월 전 일본어 기초코스를 끝낸 학생의 하소연이 문득 생각납니다. 일본어는 배우면 배울수록 어려운 언어라더니, 실제로 그렇다고 불평 아닌 불평을 했습니다. 그 학생의 말에 따르면, 수업 시간에 선생님과 함께 배울 때는 전혀 어렵게 느껴지지 않고 재미있었지만, 막상 1달이 지나고 교재 한 권을 다 배우고 나면 너무 많은 내용들을 배워서 배울 당시에는 어렵다고 생각하지 않았던 것이 머리 속에 얽혀서 도대체 정리가 되지 않는다는 것이었습니다.

일본어를 배우는 기초 단계는 그런 것 같습니다. 배울 당시는 재미있지만 배우고 나면 혼자서는 배운 내용들을 정리하는 것이 만만치 않은 작업인 것입니다.

이 책은 바로 그런 학습자들을 위해 만들어진 책입니다.
일본어 기초 단계를 끝내고 시험 대비반이나 회화반으로 가기 위해 그 동안 배운 내용을 총정리 할 수 있도록 중요한 문법과 문형을 정리하였고, 최대한 실용적인 어휘와 문장으로 구성하였습니다. 본 교재는 기초 일본어 독해 교재이지만, 이 한 권을 통해 독해 뿐만 아니라, 듣기, 쓰기, 말하기의 언어의 모든 영역을 학습할 수 있도록 구성하였습니다. 이 책을 통해 일본어에 대한 체계를 확실히 잡아, 단기간에 원하는 각자의 목적을 이루기를 바랍니다.

끝으로 이 책을 출간하는데 지원을 아끼지 않으신 위트앤위즈덤 출판사 박경실 사장님과 박윤길 부사장님께 감사 드리며, 위트앤위즈덤 편집기획팀께 감사를 드립니다.

하영애 / 노지영

일러두기

포인트 (ポイント)

각 과에서 학습해야 하는 문법의 목표를 한눈에 쏙 들어오게 정리하였습니다. 학습 후에는 제시된 학습 포인트를 스스로 확인하면서 복습을 할 수 있습니다.

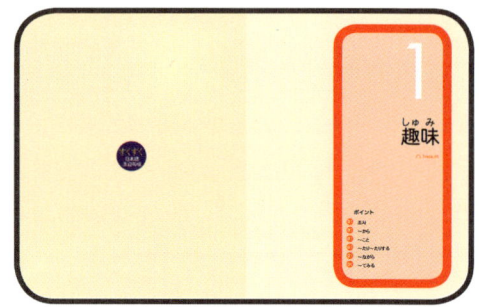

독해 지문

각 과에서 확인해야 할 학습 포인트를 이용한 실용적인 독해 지문을 통해 일본어의 기초를 탄탄히 하세요.

대답해봅시다 (答えましょう)

방금 읽은 독해 지문을 잘 이해하였는지 간단한 내용 이해 OX 퀴즈입니다.

외워봅시다 (覚えましょう)

일본어 기초 단계에서 중급으로 도약하기 위해 꼭 필요한 중요한 문형과 문법사항을 예문과 더불어 쉽고 간결하게 정리하였습니다.

* 예문에 대한 해석과 해설은 www.pagodabook.com에서 다운로드 받으세요.

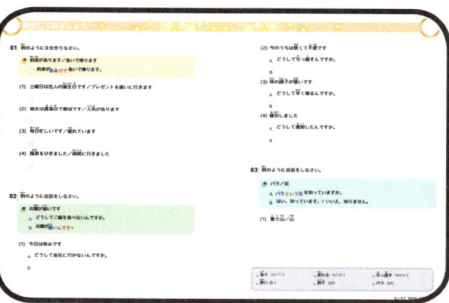

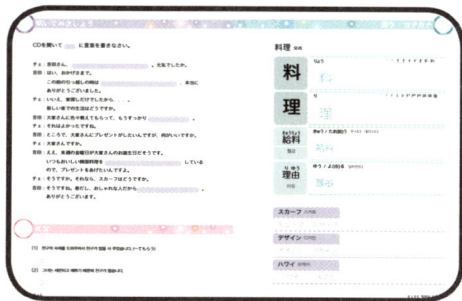

연습해 봅시다 (練習して見ましょう)
각 과에서 배운 중요한 문형과 문법을 확실히 다지기 위한 다양한 연습문제를 풀도록 하였습니다. 연습문제를 통해 배운 문법과 문형에 대한 확실한 이해를 돕도록 하였습니다.

들어 봅시다 (聞いてみましょう)
각 과에서 배운 본문 내용을 MP3파일로 들으면서 그 과에서 가장 중요한 부분을 듣고 받아 적음으로써 듣기와 문법을 모두 학습할 수 있도록 하였습니다.

작문 (作文)
그 과에서 배운 문법과 문형을 통해 작문 연습을 할 수 있도록 하였습니다.

한자와 가타카나 (漢字 / カタカナ)
일본어 학습자들이 가장 어려워하는 부분 중 하나인 한자와 가타카나를 체계적으로 학습할 수 있도록 하였습니다.

* MP3 파일 무료 다운로드
독해 본문 | 새로 나온 단어 | 들어봅시다
– 연습문제에 대한 예문 해석과 해설 다운로드는
www.pagodabook.com

* 단어장 별책부록
각 과에서 나오는 단어를 정리하고, 발음을 익힐 수 있는 MP3파일 무료 다운로드

* 저자 직강 동영상 강의 오픈
www.npagoda.com

목차

머리말 03
일러두기 04
목차 06

1 趣味(しゅみ) 09
조사 / ～から / ～こと / ～たり～たりする / ～ながら / ～てみる

2 遅刻(ちこく) 19
～ないで、　なくて / ～ことにする / ～ことになる / ～てしまう /
의지형+と思う / ～ことができる

3 旅行(りょこう) 29
～ので / ～んです / ～という～ / ～しか～ない / ～とか～とか

4 プレゼント 39
～に～てもらう / ～し～から / ～が(を)～たい / ～によると～そうだ / ～にする

5 ダイエット 49
～と思う / ～ために / ～ように、～ないように / ～ようになる /
～くなる、になる / ～らしい / ～すぎる / ～たことがある

6 泥棒(どろぼう) 63
자동사, 타동사 / ～ておく / 명사 수식 / ～のに / ～たほうがいい /
～ないほうがいい / ～かもしれません

7 お見舞い 75
〜そうだ (양태) / 〜に〜てほしい / 〜に〜ないでほしい /
동사의 ます형, 동작성 명사 + に / 〜なければなりません

8 ついていない日 85
수동형 / 〜たら / 〜たばかり / 형용사의 부사형

9 教育 95
사역형 / 〜ようだ / 〜と / 〜なら、〜ば / でしょう

10 飲み会 107
사역수동 / まだ〜ていません

11 同窓会 115
〜れる、〜られる / おます형になる / ご(お)동작성 명사になる /
おます형する / ご(お)동작성 명사する / 특별경어 /
おます형ください / ご(お)동작성 명사ください

정답 및 해설 127

すくすく
日本語
초급독해

1

しゅみ
趣味

🎧 Track 01

ポイント

01 조사
02 〜から
03 〜こと
04 〜たり〜たりする
05 〜ながら
06 〜てみる

趣味

　私の趣味は料理をすることです。特に日本の料理が好きで、日本料理の本もよく読みます。でも、平日は仕事で忙しいから、なかなか料理をする時間がありません。週末は友だちに電話をかけておしゃべりをしたり、友だちと映画を見たりもしますが、たいていは本屋に行きます。そして、料理の本や音楽のCDを買ってきて、うちで音楽を聞きながら料理をします。私はこの時間が一番幸せです。先週の週末はすきやきを作りました。すきやきはとても簡単で、おいしかったです。みなさんもぜひ作ってみてください。

正しいものには○、正しくないものにはXをつけなさい。

(1) この人の趣味は料理をすることです。-------------------------

(2) 週末はたいてい友だちとおしゃべりをしたり、

映画を見たりします。-------------------------

(3) この人は音楽を聞きながら料理をする時間が一番幸せです。---------

■ 趣味 취미	■ 特に 특히	■ 平日 평일
■ 仕事 일	■ なかなか 좀처럼	■ 時間 시간
■ おしゃべりをする 수다를 떨다	■ たいてい 대개	■ 本屋 서점
■ そして 그리고	■ 幸せだ 행복하다	■ 先週 지난 주
■ すきやき 쇠고기 전골	■ 作る 만들다	■ みなさん 여러분
■ ぜひ 꼭	■ 正しい 올바르다	

覚えましょう

01 | 조사

は	~은(는)	彼<ruby>彼<rt>かれ</rt></ruby>はこの会社の社員<ruby>社員<rt>しゃいん</rt></ruby>です。
が	~이(가)	恋人<ruby>恋人<rt>こいびと</rt></ruby>は背<ruby>背<rt>せ</rt></ruby>が高いです。
	~이지만	韓国料理は辛いですが、おいしいです。
も	~도	彼女<ruby>彼女<rt>かのじょ</rt></ruby>も医者<ruby>医者<rt>いしゃ</rt></ruby>ですか。
	~이나	道<ruby>道<rt>みち</rt></ruby>が込<ruby>込<rt>こ</rt></ruby>んでいて、うちまで2時間<ruby>時間<rt>じかん</rt></ruby>もかかりました。
の	명사 + 명사	これは日本の雑誌<ruby>雑誌<rt>ざっし</rt></ruby>です。
	~의	それは私<ruby>私<rt>わたし</rt></ruby>の携帯電話<ruby>携帯電話<rt>けいたいでんわ</rt></ruby>です。
	~의 것	あの財布<ruby>財布<rt>さいふ</rt></ruby>は田中<ruby>田中<rt>たなか</rt></ruby>さんのです。
と	~와(과)	週末<ruby>週末<rt>しゅうまつ</rt></ruby>は友だちと遊ぶつもりです。
や	~나/랑	昨日<ruby>昨日<rt>きのう</rt></ruby>デパートで服<ruby>服<rt>ふく</rt></ruby>や靴<ruby>靴<rt>くつ</rt></ruby>を買いました。
を	~을(를)	毎朝<ruby>毎朝<rt>まいあさ</rt></ruby>きちんとご飯<ruby>飯<rt>はん</rt></ruby>を食<ruby>食<rt>た</rt></ruby>べます。
に	~에(장소)	部屋<ruby>部屋<rt>へや</rt></ruby>に小<ruby>小<rt>ちい</rt></ruby>さい犬がいます。
	~에(시간)	毎朝<ruby>毎朝<rt>まいあさ</rt></ruby>7時に起<ruby>起<rt>お</rt></ruby>きます。
	~에게	この問題<ruby>問題<rt>もんだい</rt></ruby>は難しいから先生に聞きましょう。
へ	~(으)로(방향)	学校<ruby>学校<rt>がっこう</rt></ruby>へ行きます。
で	~에서(장소)	夏休<ruby>夏休<rt>なつやす</rt></ruby>みはプールで泳<ruby>泳<rt>およ</rt></ruby>ぎます。
	~(으)로(수단)	会社には地下鉄<ruby>地下鉄<rt>ちかてつ</rt></ruby>で行きます。
		鈴木<ruby>鈴木<rt>すずき</rt></ruby>さんとは日本語で話します。
から まで	~에서(부터) ~까지	授業<ruby>授業<rt>じゅぎょう</rt></ruby>は9時から1時までです。
より	~보다	和食<ruby>和食<rt>わしょく</rt></ruby>より洋食<ruby>洋食<rt>ようしょく</rt></ruby>のほうが好きです。

02 | ～から

～이(하)기 때문에

명사	: 명사 + **だ**	
な형용사	: 기본형	**+ から**
い형용사	: 기본형	
동사	: 기본형	

田中さんは風邪_{かぜ}**だから**、今日は休みです。

彼はすてき**だから**、人気_{にんき}があります。

この映画は怖_{こわ}い**から**、見たくありません。

今日は疲_{つか}れている**から**、早_{はや}く帰ります。

03 | ～こと

～하는 것

동사 기본형 + **こと**

私の趣味_{しゅみ}はクラシック音楽_{おんがく}を聞く**こと**です。

日本語で話す**こと**はとても難しいです。

- 社員_{しゃいん} 직원/사원
- かかる 걸리다
- きちんと 제대로
- 洋食_{ようしょく} 양식
- 疲_{つか}れる 피곤하다

- 背_せ 키
- 携帯電話_{けいたいでんわ} 휴대 전화
- 問題_{もんだい} 문제
- すてきだ 멋지다
- 趣味_{しゅみ} 취미

- 道_{みち}が込_こむ 길이 막히다
- 毎朝_{まいあさ} 매일 아침
- 和食_{わしょく} 일본음식
- 人気_{にんき} 인기
- クラシック 클래식

04 ～たり～たりする ～하기도 하고 ～하기도 한다

週末はうちでごろごろし**たり**、友だちに会って買い物をし**たり**します。

夏休みは旅行に行っ**たり**、ジムに通っ**たりしました**。

05 ～ながら ～하면서

昨日は友だちとご飯を食べ**ながら**、おしゃべりをしました。

漢字は難しいから、書き**ながら**覚えます。

06 ～てみる ～해보다

この問題は難しいから、先生に聞い**てみましょう**。

日本語を習って、日本に旅行に行っ**てみたいです**。

- **ごろごろする** 빈둥빈둥하다
- **おしゃべりをする** 수다를 떨다
- **習う** 배우다
- **自転車** 자전거
- **小説** 소설
- **書類** 서류
- **～本** ～병/자루

- **ジム** 헬스클럽
- **覚える** 외우다
- **毎日** 매일
- **電車** 전철
- **始まる** 시작되다
- **道** 길

- **～に通う** ～에 다니다
- **問題** 문제
- **駅** 역
- **デジカメ** 디지털 카메라
- **近く** 근처
- **分かる** 알다, 이해하다

01 | 例_{れい}のように( )の中_{なか}に助詞_{じょし}を入_いれなさい。

例_{きのう} 昨日は友だち 　と　 遊びました。

(1) 試験_{しけん}があるから、図書館_{としょかん}　　　行って、勉強_{べんきょう}をしました。

(2) ソウル　　　プサン　　　2時間_{じかん}ぐらいかかります。

(3) 毎日_{まいにち}会社　　　仕事_{しごと}をします。

(4) 駅_{えき}まで自転車_{じてんしゃ}　　　行って、電車_{でんしゃ}　　　乗_のります。

(5) 今日_{きょう}は天気はいいです　　　とても暑いです。

(6) このデジカメは中村_{なかむら}さん　　　です。

(7) 昨日_{きのう}は友だち　　　会って、お酒を飲みながら話しました。

(8) 日本　　　小説_{しょうせつ}はとてもおもしろいです。

(9) 映画は3時　　　始_{はじ}まります。

(10) 駅_{えき}の近_{ちか}くに銀行_{ぎんこう}　　　映画館_{えいがかん}があります。

(11) この書類_{しょるい}はペン　　　書かなければなりません。

(12) 田中さんは中国語_{ちゅうごくご}　　　とても上手です。

(13) 道_{みち}が分_わからなくて、キムさん　　　電話をかけました。

(14) 地下鉄_{ちかてつ}のほうがバス　　　速_{はや}いです。

(15) 昨日_{きのう}はビールを5本_{ほん}　　　飲みました。

02 例のように文を作りなさい。

> 例 漢字は難しいです／嫌いです
>
> → 漢字は難しいから、嫌いです。

(1) 彼女は美人です／人気があります

(2) 仕事が大変です／辞めたいです

(3) この時計は高くありません／よく売れます

(4) お腹が空いています／気分が悪いです

(5) 仕事が終わりません／心配です

- 美人 미인
- よく 자주, 잘
- 気分 기분
- 人気 인기
- 売れる 팔리다
- 終わる 끝나다
- 辞める 그만두다
- お腹が空く 배가 고프다
- 心配 걱정

MP3を聞いて　　　　に言葉を書きなさい。

　私の趣味は　　　　　　　　　　　　　　　　です。特に日本の料理が好きで、日本料理の本もよく読みます。でも、平日は仕事で忙しいから、なかなか料理をする時間がありません。週末は友だちに電話をかけておしゃべりをしたり、友だちと映画を見たりもしますが、　　　　　　　　　　　　は本屋に行きます。そして、料理の本や音楽のCDを買ってきて、うちで音楽を聞きながら料理をします。私はこの時間が一番幸せです。先週の週末はすきやきを作りました。すきやきはとても簡単で、おいしかったです。みなさんもぜひ　　　　　　　　　　　　ください。

(1) 나의 취미는 공포영화를 보는 것입니다.

　↻

(2) 오늘은 금요일이기 때문에 친구를 만나서 놀 것입니다.

　↻

週末 주말

週	しゅう	ノ 几 月 月 門 用 周 周 凋 週 週
	週	
末	まつ/すえ 끝, 말	一 二 キ オ 末
	末	
こんしゅう 今週 이번주	こん / いま(今) 지금	
	今週	
ねんまつ 年末 연말	ねん / とし(年) 해, 나이	
	年末	

デパート 백화점

デパート　デパート

プール 풀장

プール　　プール

クラシック 클래식

クラシック　クラシック

2

ちこく
遅刻

🎧 Track 02

ポイント

01 ～ないで / なくて

02 ～ことにする

03 ～ことになる

04 ～てしまう

05 의지형 + と思う

06 ～ことができる

遅刻

　私は今日、会社に遅刻をしました。昨日、久しぶりに友だちに会って、夜遅くまでお酒を飲んだから、寝坊をしてしまいました。いつもは朝ご飯を食べて会社に行きますが、今日はご飯も食べないで出ました。また、急いでいたから、携帯電話も持たないでうちを出てしまいました。携帯電話がなくてとても不便でした。会社までタクシーで行こうと思いましたが、ラッシュアワーで道が込んでいるから電車で行くことにしました。でも、電車がなかなか来なくて、20分も待ちました。会社に着いた時にはもう会議が終わっていました。会議で私が発表することになっていましたが、遅れてしまって発表することができませんでした。

正しいものには○、正しくないものには✕をつけなさい。

(1) この人は昨日寝坊をしました。 ------------------------------------

(2) 朝ご飯を食べないで出ました。 ------------------------------------

(3) タクシーで会社に行くことにしました。 -----------------------------

(4) 明日会社で発表することになっています。 ----------------------

■ 遅刻 지각	■ 久しぶりに 오랜만에	■ 遅く 늦게
■ 寝坊をする 늦잠 자다	■ いつも 항상	■ 出る 나오다
■ また 또	■ 急ぐ 서두르다	■ 携帯電話 휴대 전화
■ 持つ 들다/가지다	■ 不便だ 불편하다	■ 思う 생각하다
■ ラッシュアワー 러시아워	■ 道が込む 길이 붐비다	■ 電車 전철
■ 着く 도착하다	■ もう 이제, 벌써	■ 会議 회의
■ 終わる 끝나다	■ 発表する 발표하다	■ 遅れる 늦다

01 ～ないで／～なくて

〜하지 않고(말고), 〜하지 않아서

◆ 명사와 형용사는 "**なくて**"만 사용한다.

－의미 : 〜하지 않고, 하지 않아서

例 約束は日曜日じゃなくて、土曜日です。

私は魚が好きじゃなくて、あまり食べません。

この店は高くなくて、料理もおいしいです。

◆ 동사

① ないで : 〜하지 않고, 말고

例 ご飯も食べないで来たから、お腹がぺこぺこです。

疲れていて、勉強もしないで寝てしまいました。

② なくて : 〜하지 않아서

例 最近は雨が降らなくて、蒸し暑いです。

アルバイトが見つからなくて、困っています。

02 ～ことにする

〜하기로 하다

동사 기본형 + **ことにする**

やせたいから、今日からダイエットをすることにしました。

ピアノが上手になりたいから、毎日練習することにしています。

楽しみにしていましたが、時間がないから旅行に行かないことにしました。

03 | ～ことになる

～ 하게 되다

동사 기본형 + **ことになる**

明日^{あした}から日本に出張^{しゅっちょう}に行く**ことになりました**。

この授業^{じゅぎょう}では一人^{ひとり}ずつ順番^{じゅんばん}に発表^{はっぴょう}する**ことになっています**。

会社ではタバコを吸^すわない**ことになっています**。

04 | ～てしまう

～해 버리다

昨日単語^{たんご}を3時間も覚^{おぼ}えましたが、もう忘^{わす}れ**てしまいました**。

勉強をしなかったから、試験に落^おち**てしまいました**。

レポートはもう書い**てしまいました**。

- 魚^{さかな} 생선
- 最近^{さいきん} 요즘. 최근
- やせる 마르다
- 楽^{たの}しみにする 기대하다
- 順番^{じゅんばん} 순서
- 落^おちる 떨어지다

- お腹^{なか}がぺこぺこだ 배가 몹시 고프다
- 見^みつかる 발견되다
- ダイエット 다이어트
- 出張^{しゅっちょう} 출장
- 発表^{はっぴょう} 발표

- 疲^{つか}れる 피곤하다
- 困^{こま}る 곤란하다
- 練習^{れんしゅう} 연습
- ～ずつ ～씩
- もう 벌써. 이미

05 의지형＋と思う

~하려고 생각하다

これからも仕事や勉強を頑張_{がんば}ろうと思_{おも}います。

体_{からだ}に悪_{わる}いから、お酒をやめようと思_{おも}います。

06 ～ことができる

~할 수 있다

英語_{えいご}で話すことはできますが、日本語ではちょっと．．．。

寝坊_{ねぼう}をして、約束_{やくそく}の時間を守_{まも}ることができませんでした。

- これから 앞으로
- 頑張_{がんば}る 분발하다
- 体_{からだ} 몸
- 寝坊_{ねぼう}をする 늦잠 자다
- 守_{まも}る 지키다
- いつも 항상
- 辞書_{じしょ} 사전
- 使_{つか}う 사용하다
- 具合_{ぐあい}が悪_{わる}い 몸 상태가 안 좋다
- 野菜_{やさい} 야채
- 人_{ひと} 사람, 남
- 失礼_{しつれい} 실례
- 電気_{でんき} 전기, 불
- 消_けす 끄다
- ～に通_{かよ}う ～에 다니다
- やせる 살을 빼다
- 一生懸命_{いっしょうけんめい} 열심히

01 [なくて] または [ないで]を入れなさい。

(1) いつも朝ご飯を食べ ＿＿＿＿＿＿＿＿＿＿、会社に行きます。

(2) 先生の話が分から ＿＿＿＿＿＿＿＿＿＿、友だちに聞きました。

(3) 辞書を使わ ＿＿＿＿＿＿＿＿＿、日本の新聞を読みます。

(4) 具合が悪いからお酒を飲ま ＿＿＿＿＿＿＿＿＿＿、ジュースを飲みます。

(5) 明日試験だから今日は寝 ＿＿＿＿＿＿＿＿＿、頑張るつもりです。

(6) バスが来 ＿＿＿＿＿＿＿＿、彼を待たせてしまいました。

(7) 子供が野菜を食べ ＿＿＿＿＿＿＿＿＿、心配です。

(8) 電話をかけ ＿＿＿＿＿＿＿＿、人の家に行くのは失礼です。

(9) 仕事をし ＿＿＿＿＿＿＿、お金がありません。

(10) 電気を消さ ＿＿＿＿＿＿＿、寝ています。

02 例のように会話をしなさい。

> 例 本をたくさん読みます／冬休みです
>
> A 今日から本をたくさん読むことにしました。
>
> B どうしてですか。
>
> A 冬休みだからです。

(1) ジムに通います／やせたいです

(2) 一生懸命勉強します／試験があります

(3) タバコを吸いません／体に悪いです

03 例のように会話をしなさい。

> 例 **A** 週末は出張に行きますか。
>
> **B** はい、行くことになりました。
>
> いいえ、行かないことになりました。

(1) **A** 明日、鈴木さんに会いますか。

    B

(2) **A** 今度の飲み会に先輩たちも来ますか。

    B

(3) **A** 来月、会社を辞めますか。

    B

■ **今度** 이번, 다음번   ■ **飲み会** 회식   ■ **先輩** 선배

■ **〜たち** 〜들   ■ **来月** 다음달   ■ **辞める** 그만두다

MP3を聞いて　　　　に言葉を書きなさい。

　私は今日、会社に遅刻をしました。昨日、　　　　　　　　　　　　　　友だちに会って、夜遅くまでお酒を飲んだから、　　　　　　　　　　　しまいました。いつもは朝ご飯を食べて会社に行きますが、今日はご飯も食べないで出ました。また、急いでいたから、携帯電話も　　　　　　　　　　うちを出てしまいました。携帯電話がなくてとても不便でした。会社までタクシーで　　　　　　　　　　と思いましたが、ラッシュアワーで道が込んでいるから電車で行くことにしました。でも、電車がなかなか来なくて、20分も待ちました。会社に着いた時にはもう会議が終わっていました。会議で私が発表する　　　　　　　　　　が、遅れてしまって発表することができませんでした。

(1) 내일 시험이기 때문에 자지 않고 공부하려고 생각합니다.

(2) 살을 빼고 싶어서 저녁을 먹지 않기로 했습니다.

電話 전화

	でん	一 一 一 一 一 一 一 一 一 電 電 電 電
電	電	

	わ / はなし 말, 이야기	一 一 一 一 一 一 一 一 一 話 話 話
話	話	

でん き **電気** 전기	き、け(気)	
	電気	

かい わ **会話** 회화	かい / あ(会)う 만나다	
	会話	

タクシー 택시

タクシー	タクシー		

ラッシュアワー 러시아워

ラッシュアワー	ラッシュアワー		

ピアノ 피아노

ピアノ	ピアノ		

3

りょこう
旅行

∩ Track 03

ポイント

01 〜ので

02 〜んです

03 〜という〜

04 〜しか〜ない

05 〜とか〜とか

旅行

　私は夏休みに友だちと一緒に東京へ旅行に行きました。東京は初めてでしたが、飛行機で2時間しかかからないので、すぐ着きました。空港からホテルまでは電車に乗って行きました。駅はとても広かったんですが、昼だったので人が少なくて、静かでした。駅からホテルまでは10分ぐらいで近かったんですが、ホテルの部屋は狭くて、とても古かったです。それから、私たちは東京の街を見物しながら歩きました。友だちがかわいいお店とかおいしいお店とかをたくさん知っていたので、とても楽しかったです。夜は、花火大会に行きました。人がたくさんいて、込んでいましたが、花火はすごくきれいでした。

　次の日、私たちは温泉に行きました。温泉は少し遠かったですが、そこで食べた懐石料理という食べ物は色もきれいで、おいしかったです。温泉での思い出は今でも忘れることができません。

正しいものには○、正しくないものには×をつけなさい。

(1) 東京までは飛行機で２時間ぐらいかかりました。 --------------

(2) ホテルは広かったですが、古かったです。 --------------

(3) 次の日、花火大会に行きました。 --------------

(4) 温泉で懐石料理という食べ物を食べました。 --------------

- 初めて 처음
- かかる 걸리다
- 少ない 적다
- 見物する 구경하다
- すごく 굉장히
- 温泉 온천
- 色 색

- 飛行機 비행기
- すぐ 곧
- ぐらい 정도, 쯤
- 歩く 걷다
- 次 다음
- 懐石料理 일본의 고급 정식요리
- 思い出 추억

- ～しか ～밖에
- 空港 공항
- 街 거리
- 花火大会 불꽃 축제
- 日 날
- 食べ物 음식
- 忘れる 잊다

覚えましょう

01 | ～ので　　　　　　　　　　　　　　　　　　～이기 때문에

명사 　　: 명사 + **な**	
な형용사 : 어간(だ) + **な**	+ **ので**
い형용사 : 기본형	
동사 　　: 기본형	

今日は日曜日**な**ので、映画を見に行きます。

ここは交通が便利**な**ので、よく来ます。

この店は安くておいしいので、いつも人が多いです。

明日は試験があるので、今日は早く帰って勉強します。

02 | ～んです　　　　　　　　　　　　　　　　　　～인 것입니다

명사 　　: 명사 + **な**	
な형용사 : 어간(だ) + **な**	+ **んです**
い형용사 : 기본형	
동사 　　: 기본형	

あの人は中村さんの恋人**な**んです。

会議の準備が大変**な**んです。

この服はとても安かったんです。

週末はスキーに行くんです。

■ 交通　교통　　　　　　　■ 会議　회의　　　　　　　■ 準備　준비

■ 大変だ　힘들다　　　　　■ 週末　주말　　　　　　　■ 一度　한 번

■ 水泳　수영　　　　　　　■ 冷麺　냉면　　　　　　　■ そば　메밀국수

■ 冷たい　차갑다　　　　　■ 物　것

03 | 〜という

〜라고 하는〜

명사 + という + 명사

すきやきという日本料理を食べたことがあります。

山田さんという人を知っていますか。

04 | 〜しか〜ない

〜밖에 〜없다, 하지 않다

명사 : 명사
동사 : 기본형　　+ しか

昨日は３時間しか寝られませんでした。

東京は一度しか行ったことがないです。

もうバスがないからタクシーで帰るしかありません。

05 | 〜とか〜とか

〜라든가 〜라든가

명사 : 명사
동사 : 기본형　　+ とか

スポーツは水泳とかスキーとかが好きです。

今日は暑いから、冷麺とかそばとか冷たい物が食べたいです。

週末は映画を見るとかうちで音楽を聞きながら本を読むとかします。

01 | 例のように文を作りなさい。

> 例　約束があります／急いで帰ります
>
> ➡ 約束が**ある**の**で**急いで帰ります。

(1) 土曜日は恋人の誕生日です／プレゼントを買いに行きます

　➡

(2) 彼女は真面目で親切です／人気があります

　➡

(3) 毎日忙しいです／疲れています

　➡

(4) 風邪をひきました／病院に行きました

　➡

02 | 例のように会話をしなさい。

> 例　お腹が痛いです
>
> A　どうしてご飯を食べないんですか。
>
> B　お腹が**痛い**ん**です**。

(1) 今日は休みです

　A　どうして会社に行かないんですか。

　B

(2) 今のうちは狭くて不便です

    A　どうして引っ越すんですか。

    B

(3) 体の調子が悪いです

    A　どうして早く帰るんですか。

    B

(4) 寝坊しました

    A　どうして遅刻したんですか。

    B

03　例のように会話をしなさい。

> 例　バラ／花
>
>   A　バラという花を知っていますか。
>
>   B　はい、知っています。／ いいえ、知りません。

(1) 富士山／山

■ 急ぐ 서두르다	■ 疲れる 피곤하다	■ 引っ越す 이사하다
■ 狭い 좁다	■ 調子 상태	■ バラ 장미

(2) 懐石料理（かいせきりょうり）／食（た）べ物（もの）

(3) 恥（は）ずかしい／言葉（ことば）

04 | 例（れい）のように文を作りなさい。

> 例 휴가는 3일밖에 없습니다.
>
> → 休みは３日（みっか）しかありません。

(1) 돈은 조금밖에 없습니다.

(2) 학생이 두 사람밖에 없습니다.

(3) 일본어는 히라가나밖에 모릅니다.

(4) 다나까 씨는 일본어밖에 말할 수 없습니다.

- 懐石料理（かいせきりょうり） 일본의 고급 정식 요리　　■ 食（た）べ物（もの） 음식　　■ 恥（は）ずかしい 부끄럽다
- 言葉（ことば） 단어

MP3を聞いて 　　　 に言葉を書きなさい。

　私は夏休みに友だちと一緒に東京へ旅行に行きました。東京は 　　　　　　　　でしたが、飛行機で２時間しかかからないので、すぐ着きました。空港からホテルまでは電車に乗って行きました。駅はとても広かったんですが、昼だったので人が少なくて、静かでした。駅からホテルまでは10分ぐらいで近かったんですが、ホテルの部屋は狭くて、とても古かったです。それから、私たちは東京の街を 　　　　　　　　　　　　　　　歩きました。友だちがかわいいお店とかおいしいお店とかをたくさん知っていたので、とても楽しかったです。夜は、花火大会に行きました。人がたくさんいて、込んでいましたが、花火はすごくきれいでした。

　次の日、私たちは温泉に行きました。温泉は少し遠かったですが、そこで食べた懐石料理 　　　　　　　　　食べ物は色もきれいで、おいしかったです。温泉での 　　　　　　　　　　は今でも忘れることができません。

(1) 해외 여행은 처음이어서 기대하고 있습니다.

(2) 머리가 아플 때는 약을 먹는다든가 일찍 잔다든가 하는 편이 좋습니다.

見物 구경

見	けん / み (見)る 보다	丨 冂 冃 日 目 見 見
	見	

物	ぶつ / もの 물건, 것	丿 ┌ ┿ ┿ ┿ 牜 物 物
	物	

けんがく 見学 견학	がく / まな(学)ぶ 배우다
	見学

どうぶつ 動物 동물	どう / うご(動)く 움직이다
	動物

プレゼント 선물	
プレゼント	プレゼント

バス 버스	
バス	バス

スポーツ 스포츠	
スポーツ	スポーツ

4

プレゼント

🎧 Track 04

ポイント

01 ～に～てもらう
02 ～し～から
03 ～が(を)～たい
04 ～によると～そうだ
05 ～にする

プレゼント

チェ：吉田さん、久しぶりですね。元気でしたか。

吉田：はい、おかげさまで。

この前の引っ越しの時は手伝ってくれて、本当にありがとうございました。

チェ：いいえ、家探しだけでしたから．．．。新しい家での生活はどうですか。

吉田：大家さんに色々教えてもらって、もうすっかり慣れました。

チェ：それはよかったですね。

吉田：ところで、大家さんにプレゼントがしたいんですが、何がいいですか。

チェ：大家さんですか。

吉田：ええ、来週の金曜日が大家さんのお誕生日だそうです。

いつもおいしい韓国料理を作ってもらったりしているので、プレゼント

をあげたいんですよ。

チェ：そうですか。それなら、スカーフはどうですか。

吉田：そうですね。春だし、おしゃれな人だからスカーフにします。

ありがとうございます。

正しいものには○、正しくないものには✗をつけなさい。

(1) 吉田さんはチェさんの引っ越しを手伝いました。 ----------------------------

(2) 吉田さんは大家さんに色々教えてもらいました。 ----------------------------

(3) チェさんは大家さんにプレゼントをあげるつもりです。 ------------------

(4) プレゼントはスカーフです。 --

(5) 大家さんはおしゃれな人です。 ---

■久しぶりだ 오랜만이다	■この前 요전, 지난번	■引っ越し 이사
■手伝う 돕다, 거들다	■本当に 정말로	■家探し 집 알아보기
■だけ 만, 뿐	■生活 생활	■大家さん 집주인
■色々 여러 가지	■もう 이제	■すっかり 완전히
■慣れる 익숙하다	■ところで 그런데	■来週 다음 주
■いつも 항상, 언제나	■スカーフ 스카프	■おしゃれだ 세련되다

01 ～に～てもらう

~가 ~를 해주다

友だちに引っ越しを手伝ってもらいました。

佐藤さんに日本語を教えてもらいました。

アンさんに傘を貸してもらいました。

02 ～し～から

~인데다가 ~이기 때문에

명사	: 명사 + だ	
な형용사	: 기본형	
い형용사	: 기본형	+ し
동사	: 기본형	

今日は休みだし、天気もいいから山に登ります。

鈴木先生はきれいだし、おもしろいから学生に人気があります。

これはデザインがいいし、色もきれいだから買いたいです。

熱があるし、頭も痛いから今日はうちで休みます。

03 ～が(を)～たい

~을/를 하고 싶다

暑いから、冷たいビールが飲みたいです。

今日は疲れたから、どこへも行きたくありません。

04 | 〜によると 〜そうだ

〜에 의하면 〜라고 한다

うわさによると、中村さんは昔お金持ちだったそうです。

友だちの話によると、先生はコーヒーが大好きだそうです。

先輩によると、あの映画はおもしろくなかったそうです。

中村さんによると、キムさんは日本に留学したことがあるそうです。

05 | 〜にする

〜으로 하다

명사 + にする

飲み物はコーヒーにします。

今度の旅行はハワイにします。

食事は何にしますか。

- 引っ越し 이사
- 貸す 빌려주다
- 色 색
- 昔 옛날
- 食事 식사

- 手伝う 돕다, 거들다
- 登る 오르다
- 熱 열
- 飲み物 마실 것

- 教える 가르치다
- デザイン 디자인
- うわさ 소문
- 今度 이번

練習してみましょう

01 | 正しいものを選んで○をつけなさい。

例　私は友だちに本を（ **あげました** ／くれました）。

(1)　先生は鈴木さんに日本の雑誌を（あげました／くれました）。

(2)　私は姉に赤い手袋を（くれました ／ もらいました）。

(3)　佐藤さんはキムさんにおしゃれなスカーフを（あげました ／ くれました）。

(4)　私はパクさんに高い時計を（くれました ／ もらいました）。

(5)　友だちは私にきれいな花を（あげました ／ くれました）。

02 | 正しいものを選んで○をつけなさい。

例　私は友だちに本を(**買ってあげました** ／買ってくれました)。

(1)　田中さんは私にお酒を（おごってあげました／おごってくれました）。

(2)　私は吉田さんに駅まで車で（送ってくれました／送ってもらいました）。

(3)　私は鈴木さんにソウルを（案内してあげました／案内してくれました）。

(4)　恋人は私に映画を（見せてあげました／見せてくれました）。

(5)　私は佐藤さんに日本語を（教えてくれました／教えてもらいました）。

03 例<ruby>例<rt>れい</rt></ruby>のように会話をしなさい。

> <ruby>例</ruby> お<ruby>金<rt>かね</rt></ruby>がありません／<ruby>時間<rt>じかん</rt></ruby>もありません
>
> **A** どうして<ruby>旅行<rt>りょこう</rt></ruby>に<ruby>行</ruby>かないんですか。
>
> **B** お<ruby>金</ruby>が**ない**し、<ruby>時間</ruby>も**ない**からです。

(1) <ruby>残業<rt>ざんぎょう</rt></ruby>が<ruby>多</ruby>いです／<ruby>休</ruby>みも<ruby>少<rt>すく</rt></ruby>ないです

　　A どうして<ruby>会社</ruby>を<ruby>辞<rt>や</rt></ruby>めたいんですか。

　　B

(2) <ruby>静<rt>しず</rt></ruby>かです／<ruby>交通<rt>こうつう</rt></ruby>も<ruby>便利</ruby>です

　　A どうしてここに<ruby>引</ruby>っ<ruby>越</ruby>したいんですか。

　　B

(3) <ruby>好</ruby>きな<ruby>色<rt>いろ</rt></ruby>です／デザインもいいです

　　A どうしてこれがほしいんですか。

　　B

(4) <ruby>寒</ruby>いです／<ruby>風邪</ruby>をひいています

　　A どうしてどこへも<ruby>行</ruby>かないんですか。

　　B

(5) <ruby>雨</ruby>が<ruby>降</ruby>っています／<ruby>遅<rt>おく</rt></ruby>れました

　　A どうしてタクシーで<ruby>行</ruby>くんですか。

　　B

- <ruby>姉<rt>あね</rt></ruby> 언니, 누나
- おしゃれだ 세련되다, 멋을 부리다
- <ruby>見</ruby>せる 보여 주다
- <ruby>少</ruby>ない 적다
- <ruby>風邪<rt>かぜ</rt></ruby>をひく 감기에 걸리다

- <ruby>赤<rt>あか</rt></ruby>い 빨갛다
- おごる 한턱 내다, 사주다
- <ruby>教<rt>おし</rt></ruby>える 가르치다
- <ruby>交通<rt>こうつう</rt></ruby> 교통
- <ruby>遅<rt>おく</rt></ruby>れる 늦다

- <ruby>手袋<rt>てぶくろ</rt></ruby> 장갑
- <ruby>送<rt>おく</rt></ruby>る 보내다, 바래다주다
- <ruby>残業<rt>ざんぎょう</rt></ruby> 잔업, 야근
- <ruby>色<rt>いろ</rt></ruby> 색

MP3を聞いて　　　　に言葉を書きなさい。

チェ：吉田さん、　　　　　　　　　　　　　　　　。元気でしたか。
吉田：はい、おかげさまで。
　　　この前の引っ越しの時は　　　　　　　　　　　　、本当に
　　　ありがとうございました。
チェ：いいえ、家探しだけでしたから．．．。
　　　新しい家での生活はどうですか。
吉田：大家さんに色々教えてもらって、もうすっかり　　　　　　　　。
チェ：それはよかったですね。
吉田：ところで、大家さんにプレゼントがしたいんですが、何がいいですか。
チェ：大家さんですか。
吉田：ええ、来週の金曜日が大家さんのお誕生日だそうです。
　　　いつもおいしい韓国料理を　　　　　　　　　　　　している
　　　ので、プレゼントをあげたいんですよ。
チェ：そうですか。それなら、スカーフはどうですか。
吉田：そうですね。春だし、おしゃれな人だから　　　　　　　　　　　。
　　　ありがとうございます。

(1) 친구의 숙제를 도와주어서 친구가 밥을 사 주었습니다. (~てもらう)

　↺

(2) 그녀는 세련되고 예쁘기 때문에 친구가 많습니다.

　↺

料理 요리

	りょう	丶 ヽ ユ 半 米 米 米 料料
料	料	

	り	一 二 Ŧ 王 玑 玑 玾 理 理理
理	理	

給料 きゅうりょう 월급	きゅう / たま(給)う 주시다, 내리시다	
	給料	

理由 り ゆう 이유	ゆう / よ(由)る 말미암다	
	理由	

スカーフ 스카프	
スカーフ	スカーフ

デザイン 디자인	
デザイン	デザイン

ハワイ 하와이	
ハワイ	ハワイ

すくすく
日本語
初級読解

5

ダイエット

🎧 **Track 05**

ポイント

01 ～と思う

02 ～ために

03 ～ように／～ないように

04 ～ようになる

05 ～くなる／～になる

06 ～らしい

07 ～すぎる

08 ～たことがある

ダイエット

みなさんはダイエットをしたことがありますか。

ダイエットをする理由は色々あると思いますが、「好きな服が着られるようになりたいから」ダイエットをする人が一番多いらしいです。また「もっときれいになりたいから」「健康のために必要だから」という理由もあります。

ダイエットをする方法は「飲みすぎ、食べすぎないようにする」「夜6時以降は食べないようにする」「甘い物やお菓子を控える」などと食べ物に関することが多いです。または「できるだけエレベーターに乗らないで、階段を使うようにする」「近いところは歩いて行くようにする」「毎日運動をする」などもあります。

しかし、無理なダイエットは体によくありません。体のことを考えながら自分に合ったダイエットをすることが大切だと思います。

正しいものには○、正しくないものにはXをつけなさい。

(1) ダイエットをする理由は色々あります。 ──────── ⬭

(2) 健康のためにダイエットをする人が一番多いです。 ────── ⬭

(3) ダイエットのために夜6時以降は食べないようにする人もいます。 ⬭

(4) ダイエットをする方法は食べ物に関することだけです。 ─────── ⬭

(5) ダイエットは自分に合う方法ですることが大切です。 ──────── ⬭

- ■ ダイエット 다이어트
- ■ また 또
- ■ 必要 필요
- ■ 食べすぎ 과식
- ■ 控える 줄이다
- ■ できるだけ 가능한 한
- ■ 考える 생각하다
- ■ 大切だ 중요하다

- ■ 理由 이유
- ■ もっと 좀 더
- ■ 方法 방법.
- ■ 以降 이후
- ■ など 등
- ■ エレベーター 엘리베이터
- ■ 自分 자신

- ■ 色々 여러가지
- ■ 健康 건강
- ■ 飲みすぎ 과음
- ■ お菓子 과자
- ■ ~に関する ~에 관련되다
- ■ 階段 계단
- ■ 合う 맞다

01 | 〜と思う

〜라고 생각하다

명사	: 명사 *だ*	
な형용사	: 기본형	+ と思う
い형용사	: 기본형	
동사	: 기본형	

あの二人はいつも一緒にいるからたぶん恋人だと思います。

ここは駅が遠いから不便だと思います。

明日試験があるから今日は忙しいと思います。

仕事が早く終わったから買い物に行けると思います。

02 | 〜ために

〜를 위해 (목적)

명사 : 명사 *の*	+ ために
동사 : 기본형	

健康のために毎日運動しています。

会議のために準備をしています。

海外旅行に行くためにお金を貯めています。

大学に入るために一生懸命勉強します。

03 ～ように／～ないように

~하도록/~하지 않도록

동사의 기본형
동사의 ない형 + ように

よく聞こえるように大きい声で話しましょう。

風が入るように窓を開けてください。

約束を忘れないようにメモをしてください。

遅れないように走っていきました。

04 ～ようになる

~하게 되다

동사의 기본형 + ようになる

よく料理をするようになりました。

頑張って勉強して日本語で話せるようになりました。

前はさしみが食べられませんでしたが、最近は食べられるようになりました。

- たぶん 아마
- 健康 건강
- 海外旅行 해외 여행
- 聞こえる 들리다
- 窓 창문
- 走る 달리다

- 遠い 멀다
- 会議 회의
- 貯める 모으다, 저축하다
- 声 목소리
- 忘れる 잊다
- 頑張る 힘내다, 열심히 하다

- 終わる 끝나다
- 準備 준비
- 一生懸命 아주 열심히
- 風 바람
- 遅れる 늦다

覚えましょう

05 ～くなる／～になる
～하게 되다/～이 되다

エアコンをつけて涼（すず）しくなりました。

結婚（けっこん）して幸（しあわ）せになりました。

ストレスがたまって病気（びょうき）になりました。

06 ～らしい
～인 것 같다

この店は毎週水曜日が休みらしいです。

昨日の試験は簡単だったらしいです。

鈴木（すずき）さんの結婚相手（けっこんあいて）は優（やさ）しいらしいです。

最近、風邪が流行（はや）っているらしいです。

07 ～すぎる
너무(지나치게) ～하다

カラオケで歌いすぎて、声（こえ）が出（で）ません。

この部屋は狭すぎて、生活（せいかつ）しにくいです。

図書館が静かすぎて、眠（ねむ）くなりました。

08 〜たことがある

〜한 적이 있다

電車の中で居眠りをしたことがあります。

芸能人に会ったことがありますか。

- **エアコン** 에어컨
- **涼しい** 시원하다
- **結婚** 결혼
- **幸せだ** 행복하다
- **ストレス** 스트레스
- **たまる** 쌓이다
- **病気** 병
- **毎週** 매주
- **相手** 상대
- **優しい** 자상하다, 상냥하다
- **流行る** 유행하다
- **生活する** 생활하다
- **眠い** 졸리다
- **居眠りをする** 졸다
- **芸能人** 연예인

01 | 例^{れい}のように会話をしなさい。

1-1 例

A 会社員ですか。

B はい、会社員だと思います。

いいえ、会社員じゃないと思います。

(1) 美人^{びじん}ですか。

(2) 真面目^{まじめ}ですか。

(3) 性格^{せいかく}がいいですか。

(4) 英語ができますか。

(5) 結婚^{けっこん}していますか。

1-2 例

> A 子供（こども）の時元気でしたか。
>
> B はい、元気だったと思います。
>
> いいえ、元気じゃなかったと思います。

(1) いい子でしたか。

(2) かわいかったですか。

(3) 勉強が好きでしたか。

(4) 人気（にんき）がありましたか。

(5) 太（ふと）っていましたか。

- 美人（びじん） 미인
- 性格（せいかく） 성격
- いい子（こ） 착한 아이
- 太（ふと）る 살찌다

02 例のように文を作りなさい。

> 例 健康／毎朝ジョギングをしています
>
> ➥ 健康の**ために** 毎朝ジョギングをしています。

(1) ダイエット／甘い物やお菓子を控えています

　➥

(2) 日本語が上手になります／毎日勉強しています

　➥

(3) 留学します／会社を辞めようと思っています

　➥

■ 毎朝 매일 아침	■ ジョギング 조깅	■ 甘い物 단 것
■ お菓子 과자	■ 控える 줄이다 / 삼가하다	■ 留学する 유학 가다
■ みんな 모두	■ ゆっくり 천천히	■ 説明する 설명하다
■ 間に合う 제 시간에 가다	■ 治る (병이) 낫다	■ 注意する 주의하다
■ 落ちる 떨어지다	■ 頑張る 노력하다, 열심히 하다	■ 太る 살찌다

03 例のように文を作りなさい。

> 例 みんな分かります／ゆっくり説明をします
>
> ➡ みんな分かるようにゆっくり説明をします。
>
> 例 授業に遅れません／急いでいます
>
> ➡ 授業に遅れないように急いでいます。

(1) 授業に間に合います／タクシーで行きました

➡

(2) 早く病気が治ります／毎日薬を飲んでいます

➡

(3) 傘を忘れません／注意しています

➡

(4) 試験に落ちません／頑張っています

➡

(5) 太りません／毎日運動しています

➡

練習してみましょう

04 | 例のように文を作りなさい。

例 日本の漢字を読みます
➜ 日本の漢字が読めるようになりました。

(1) 日本語を習_{なら}って日本語であいさつをします

➜

(2) 今は簡単な日本料理を作_{つく}ります

➜

(3) 最近、朝早く起きます

➜

(4) 練習_{れんしゅう}して海_{うみ}で泳_{およ}ぎます

➜

■ あいさつ 인사	■ 作る_{つく} 만들다	■ 最近_{さいきん} 최근 / 요즘
■ 練習する_{れんしゅう} 연습하다	■ 海_{うみ} 바다	

MP3を聞いて　　　　に言葉を書きましょう

　みなさんはダイエットをしたことがありますか。

　ダイエットをする理由は色々あると思いますが、「好きな服が着られる　　　　　　　　　　　　　　　　　　から」ダイエットをする人が一番多いらしいです。また「もっときれいになりたいから」「健康の　　　　　　　　　　必要だから」という理由もあります。

　ダイエットをする方法は「飲みすぎ、食べすぎないようにする」「夜6時以降は食べないようにする」「甘い物やお菓子を　　　　　　　　　　」などと食べ物に関することが多いです。または「できるだけエレベーターに乗らないで、階段を使うようにする」「近いところは歩いて行く　　　　　　　　　　　　　」「毎日運動をする」などもあります。

　しかし、無理なダイエットは体によくありません。体のことを考えながら自分に合ったダイエットをすることが大切だと思います。

(1) 결혼하기 위해서 돈을 모으고 있습니다.

↻

(2) 열심히 연습해서 지금은 수영할 수 있게 되었습니다.

↻

自分 자신

| 自 | じ / みずか(自)ら　스스로 | ′ 亻 冂 丏 自 自 |
| | 自 | |

| 分 | ぶん / わ(分)かる　알다 | ′ 八 分 分 |
| | 分 | |

自転車 じ てん しゃ
자전거

てん / ころ(転)ぶ　넘어지다, 구르다

自転車

気分 き ぶん
기분

き、け(気)

気分

ダイエット 다이어트

ダイエット　ダイエット

エレベーター 엘리베이터

エレベーター　エレベーター

メモ 메모

メモ　メモ

6

どろぼう
泥棒

🎧 Track 06

ポイント

- **01** 자동사, 타동사
- **02** ~ておく
- **03** 명사 수식
- **04** ~のに
- **05** ~たほうがいい
- **06** ~ないほうがいい
- **07** ~かもしれません

泥棒
どろぼう

キム：田中さん、アパートに電気がついていますよ。誰か来ているんですか。

田中：いいえ。おかしいですね。さっき、出かける時は確かに消したんで
　　　すけど。

キム：泥棒かもしれません。行ってみましょう。

田中：あ、ドアが開いています。

キム：何かなくなった物はありませんか。

田中：テーブルの上に置いてあったデジカメがなくなっています。

キム：本当ですか。よく探してみてください。

田中：あ、引き出しの中に入れておいた指輪とネックレスもありません。
　　　恋人からもらった物なのに．．．。

キム：やっぱり、泥棒ですね。早く警察に届けたほうがいいですよ。
　　　それから、今日はここにいないほうがいいですね。よかったら、
　　　私のうちに泊まってください。

田中：ありがとうございます。

正しいものには○、正しくないものにはXをつけなさい。

(1) 田中さんの家に泥棒が入りました。

(2) 田中さんは出かける時、電気を消しませんでした。

(3) 恋人からもらった指輪とネックレスはなくなっていませんでした。

(4) 田中さんは今日自分の家で寝ます。

■ アパート 아파트	■ 誰か 누군가	■ おかしい 이상하다
■ さっき 조금 전, 아까	■ 出かける 외출하다	■ 確かに 분명히
■ 泥棒 도둑	■ ドア 문	■ 開く 열리다
■ 何か 무언가	■ なくなる 없어지다	■ 置く 놓다
■ 本当 정말	■ 探す 찾다	■ 引き出し 서랍
■ 指輪 반지	■ ネックレス 목걸이	■ やっぱり 역시
■ 警察 경찰	■ 届ける 신고하다	■ それから 그리고
■ よかったら 괜찮으면	■ 〜に泊まる 〜에 묵다	

01 │ 자동사/타동사　　　　　　　　상태표현 : ～되어 있다

開く (열리다)	開ける (열다)	入る (들어가다)	入れる (넣다)
閉まる (닫히다)	閉める (닫다)	出る (나오다)	出す (꺼내다/제출하다)
つく (켜지다)	つける (켜다)	止まる (서다)	止める (세우다)
消える (꺼지다)	消す (끄다)	かかる (걸리다)	かける (걸다)
倒れる (쓰러지다)	倒す (쓰러뜨리다)	並ぶ (줄서다)	並べる (줄세우다)
集まる (모이다)	集める (모으다)	壊れる (망가지다)	壊す (망가뜨리다)

자동사 + **ている**
타동사 + **てある**

庭に花が咲いています。

台風で木が倒れています。

机の上に辞書が置いてあります。

財布はかばんの中に入れてあります。

- 庭 마당
- 木 나무
- お客さん 손님
- 後で 나중에
- 全然 전혀
- 咲く 피다
- 机 책상
- 食事 식사
- ところ 곳
- 一生懸命 열심히
- 台風 태풍
- 置く 놓다
- 冷蔵庫 냉장고
- ペン 펜

02 | ～ておく

～해 두다/ ～해 놓다

お客さんが来るので、食事の準備をしておきました。

ビールはもう冷蔵庫に入れておきました。

ジュースがもうないから、後で買っておいてください。

03 | 명사 수식

このデパートは私がよく買い物をするところです。

田中さんが使っているペンは私がプレゼントした物です。

佐藤さんが作った料理はあのテーブルにあります。

04 | ～のに

～인데도

명사	: 명사 な	
な형용사	: 어간(だ) な	
い형용사	: 기본형	+ のに
동사	: 기본형	

休みなのに会社で仕事をしました。

彼は暇なのに全然手伝ってくれません。

眠いのに話を聞かなければなりません。

一生懸命練習しているのにあまり上手になりません。

覚えましょう

05 〜たほうがいい
〜하는 편이 좋다

試験に受かりたいなら、もっと努力したほうがいいですよ。

今日は雨が降っているから、運転に気をつけたほうがいいですよ。

06 〜ないほうがいい
〜하지 않는 편이 좋다

具合が悪ければ無理をしないほうがいいですよ。

太るから夜は食べないほうがいいですよ。

07 〜かもしれません
〜일지도 모릅니다

日本人だから辛い物はだめかもしれません。

平日だから、今日は道が空いているかもしれません。

今夜は残業があるから、飲み会は行けないかもしれません。

- ■ 受かる　합격하다
- ■ 運転　운전
- ■ だめだ　안된다
- ■ 今夜　오늘 저녁
- ■ 窓　창문

- ■ もっと　좀 더
- ■ 気をつける　조심하다
- ■ 平日　평일
- ■ 残業　잔업
- ■ スタンド　스탠드

- ■ 努力する　노력하다
- ■ 太る　살찌다
- ■ 道が空く　길이 한산하다
- ■ 飲み会　회식

01 例のように文を作りなさい。

例 窓が開く／窓を開ける

　↪ 窓が開いています。／窓が開けてあります。

(1) ドアが閉まる／ドアを閉める
　↪

(2) 服がかかる／服をかける
　↪

(3) 電気がつく／電気をつける
　↪

(4) 本が並ぶ／本を並べる
　↪

(5) テレビが壊れる
　↪

(6) スタンドが倒れる
　↪

(7) 花を置く
　↪

02 例のように動詞を適当な形にしなさい。

例 ここは今日友だちと　**勉強する**　ところです。(勉強する)

(1) これは友だちに 〔　　　　　　〕 プレゼント です。（あげる）

(2) あれは昨日 〔　　　　　　〕 服です。(買う)

(3) それは私が 〔　　　　　　〕 人形です。(集める)

(4) これは彼女がさっき 〔　　　　　　〕 料理です。(作る)

(5) ここに 〔　　　　〕 本は、友だちから 〔　　　　〕 物です。(ある・もらう)

(6) あそこに 〔　　　　　　〕 車がありますよ。（壊れる）

(7) 今佐藤さんと 〔　　　　　　〕 人がキムさんです。(話す)

03 [のに] または [ので]を入れて文を作りなさい。

> 例 寒い　 のに 　アイスクリームを食べています。

(1) 休み 　　　　　　　会社で働かなければなりません。

(2) 暇 　　　　　　　散歩をすることにしました。

(3) 私も忙しい 　　　　　　　友だちの仕事を手伝うことになりました。

(4) 元気だった 　　　　　　　病気になりました。

(5) お腹が空いた 　　　　　　　ご飯を食べに行きましょう。

(6) 急ぐ 　　　　　　　タクシーに乗ります。

(7) 映画がおもしろくなかった 　　　　　　　残念でした。

(8) 彼は真面目 　　　　　　　勉強ができません。

- **人形** 인형
- **ある** 있다
- **散歩** 산책
- **集める** 모으다
- **壊れる** 망가지다
- **お腹が空く** 배가 고프다
- **さっき** 조금 전, 아까
- **働く** 일하다
- **残念だ** 유감이다

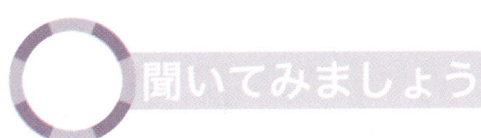

MP3を聞いて　　　　に言葉を書きなさい。

キム：田中さん、アパートに電気が　　　　　　　　　　　　　　　　よ。

　　　誰か来ているんですか。

田中：いいえ。おかしいですね。さっき、出かける時は確かに消したんですけど。

キム：泥棒かもしれません。行ってみましょう。

田中：あ、ドアが開いています。

キム：何かなくなった物はありませんか。

田中：テーブルの上に置いてあったデジカメがなくなっています。

キム：本当ですか。よく探してみてください。

田中：あ、引き出しの中に　　　　　　　　　　　　　指輪とネックレスもあ

　　　りません。恋人からもらった　　　　　　　　　　　・・・。

キム：やっぱり、泥棒ですね。早く警察に届けたほうがいいですよ。それから、

　　　今日はここにいないほうがいいですね。よかったら、私のうちに泊まって

　　　ください。

田中：ありがとうございます。

作文

(1) 창문이 열려 있으니까 나중에 닫아 놓으세요.

(2) 어제 산 디지털카메라인데 벌써 망가지고 말았습니다.

食事 식사

食	しょく / た(食)べる 먹다	ノ 𠆢 𠆢 今 令 令 食 食 食
	食	
事	じ / こと 것	一 ㄱ ㄹ ㅋ ㅋ ㅋ 写 写 事
	事	
しょくどう **食堂** 식당	どう	
	食堂	
よう じ **用事** 볼일	よう / もち(用)いる 쓰다, 이용하다	
	用事	

アパート 아파트

アパート アパート

ジュース 쥬스

ジュース ジュース

テーブル 테이블

テーブル テーブル

すくすく
日本語
초급독해

7

お見舞い
みま

Track 07

ポイント

01 〜そうだ (양태)

02 〜に〜てほしい

03 〜に〜ないでほしい

04 동사의 ます형, 동작성 명사 + に

05 〜なければなりません

お見舞い

　昨日は田中さんのお見舞いに病院に行ってきました。道で転んでけがをしたそうです。思ったより元気そうで安心しましたが、医者の話によると、一週間ぐらいは入院しなければならないそうです。

　田中さんは韓国が好きで韓国語と韓国の文化を習いに日本の大学を休学して、去年韓国に来ました。勉強熱心で頑張りやさんだから韓国に来てまだ半年なのに、韓国語もとても上手です。しかし、外国での一人暮らしだから、あまり無理をしないでほしいです。勉強もいいですが、もっと体を大事にしてほしいです。そして、早く元気になって、韓国でいい思い出をたくさん作ってほしいです。

正しいものには○、正しくないものにはXをつけなさい。

(1) 田中さんは道で転んでけがをして、今病院にいます。 ---------------------

(2) 田中さんは一年前に韓国に来ました。 ---------------------

(3) 私と田中さんは一緒に住んでいます。 ---------------------

- **お見舞い** 병문안
- **けがをする** 부상당하다/다치다
- **一週間** 일주일
- **休学する** 휴학하다
- **頑張りやさん** 노력파
- **しかし** 그러나
- **大事にする** 소중히 하다

- **病院** 병원
- **思ったより** 생각했던 것보다
- **入院する** 입원하다
- **去年** 작년
- **まだ** 아직
- **外国** 외국
- **思い出** 추억

- **転ぶ** 넘어지다
- **安心する** 안심하다
- **文化** 문화
- **熱心だ** 열심이다
- **半年** 반년
- **一人暮らし** 혼자 생활하는 것
- **〜に住む** 〜에 살다

覚えましょう

01 〜そうだ
〜인 것 같다

佐藤さんは優しくて真面目そうな人です。

子供たちは楽しそうに遊んでいます。

この店にはいい物がなさそうなので、ほかの店に行きます。

02 〜に〜てほしい
〜가 〜해 주었으면 좋겠다

父に体を大事にしてほしいです。

友だちに時間を守ってほしいです。

病気の田中さんに早く元気になってほしいです。

03 〜に〜ないでほしい
〜가 〜하지 않았으면 좋겠다

母に私の日記を読まないでほしいです。

学生に授業中に電話に出ないでほしいです。

山田さんに会社を辞めないでほしいです。

04 | 〜に 〜하러

동사의 **ます**형
동작성 명사 ＋ に

本を返しに図書館へ行きます。

暇な時は散歩に行ったり、友だちと買い物に行ったりします。

母のお使いにスーパーへ行きます。

05 | 〜なければなりません 〜하지 않으면 안 됩니다

雨が降りそうだから、傘を持って行かなければなりません。

今日は遅くまで働かなければならないんです。

- **優しい** 상냥하다, 친절하다
- **大事にする** 소중히 하다
- **授業中** 수업중
- **お使い** 심부름

- **ほか** 다른
- **守る** 지키다
- **電話に出る** 전화를 받다
- **スーパー** 슈퍼마켓

- **父** 아버지
- **日記** 일기
- **返す** 돌려주다, 반납하다
- **働く** 일하다

 練習してみましょう

01 | 例^{れい}のように文を作りなさい。

例 	1	2
3	4	5 

1-1 例 おいしいです ➲ おいし**そう**です。

(1) 眠いです ➲

(2) 暇です ➲

(3) 便利です ➲

(4) 雨が降ります ➲

(5) たくさん入ります ➲

1-2 例 料理です ➲ おいし**そうな**料理です。

(1) 子供です ➲

(2) 人です ➲

(3) パソコンです ➲

(4) 天気です ➲

(5) かばんです ➲

1-3 例 食べています ⟳ おいし**そうに**食べています。

(1) 座_{すわ}っています ⟳

(2) テレビを見ています ⟳

(3) 使_{つか}っています ⟳

02 例_{れい}のように会話をしなさい。

例 お父さん / タバコをやめます
A お父さん**に**何_{なに}をし**てほしいですか。**
B タバコをやめ**てほしいです。**

(1) 友だち／宿題_{しゅくだい}を手伝_{てつだ}います

(2) ジョンさん／英語を教_{おし}えます

(3) 田中さん／日本人の友だちを紹介_{しょうかい}します

■座_{すわ}る 앉다	■使_{つか}う 쓰다, 사용하다	■紹介_{しょうかい}する 소개하다

03 | 例のように会話をしなさい。

> 例 お父さん ／ お酒を飲みません
>
> A お父さんに何をしないでほしいですか。
>
> B お酒を飲まないでほしいです。

(1) 学生／授業に遅れません

(2) 友だち／約束を忘れません

(3) 子供／うそをつきません

■ 遅れる 늦다　　　■ 忘れる 잊다　　　■ うそをつく 거짓말을 하다

MP3を聞いて　　　　に言葉を書きなさい。

　昨日は田中さんのお見舞いに病院に行ってきました。道で　　　　　　　　　けがをしたそうです。思ったより　　　　　　　　　　　　　　安心しましたが、医者の話によると、1週間ぐらいは入院しなければならないそうです。

　田中さんは韓国が好きで韓国語と韓国の文化を習いに日本の大学を休学して、去年韓国に来ました。勉強熱心で　　　　　　　　　　　　　　だから韓国に来てまだ半年なのに、韓国語もとても上手です。しかし外国での　　　　　　　　　　　　　　　　だから、あまり無理をしないでほしいです。勉強もいいですが、もっと体を　　　　　　　　　　　　　　　。そして、早く元気になって、韓国でいい思い出をたくさん作ってほしいです。

(1)　그는 내가 만든 요리를 맛있게 먹고 있습니다.

(2)　애인이 나와의 추억을 소중히 여겨 주었으면 좋겠습니다.

入院 입원

入

にゅう / はい(入)る 들어가다 　　ノ 入

入

院

いん 　　　　　　　　　　フ ３ ß ß' ß' ßˆ 陀 陀 陀 院

院

にゅうしゃ
入社
입사

しゃ

入社

だいがくいん
大学院
대학원

だい / おお(大)きい 크다

大学院

スーパー 슈퍼마켓

スーパー | スーパー

パソコン 컴퓨터

パソコン | パソコン

テレビ 텔레비전

テレビ | テレビ

8

ついていない日<ruby>日<rt>ひ</rt></ruby>

Track 08

ポイント

- 01 수동형
- 02 ～たら
- 03 ～たばかり
- 04 형용사의 부사형

ついていない日

　私は今日、遅刻して先生に叱られました。授業中は居眠りをしているのが見つかって、クラスの皆に笑われてとても恥ずかしかったです。昼休みは友だちとサッカーをしました。でも、私たちのチームが負けてしまって、とても悔しかったです。学校が終わってうちに帰る途中、電車の中で隣のおばさんに足を踏まれました。ヒールで踏まれたのでとても痛かったのに、おばさんは謝らないで、行ってしまいました。本当に頭にきました。

　うちに帰って宿題をしていたら、母にお使いを頼まれました。お使いに行く途中、友だちに誘われて、ゲームセンターで1時間もゲームをしてしまいました。急いで帰りましたけど、母にすごく怒られました。夜、弟に買ったばかりのデジカメを壊されました。本当についていない日でした。

正しいものには○、正しくないものにはXをつけなさい。

(1) 足を踏んだおばさんは謝りました。----------------------------------- ⬭

(2) 私は母にお使いを頼みました。--------------------------------- ⬭

(3) お使いの途中、友だちを誘って1時間もゲームをしました。-------- ⬭

(4) 弟が私のデジカメを壊しました。------------------------------- ⬭

■遅刻する 지각하다	■叱る 꾸짖다	■授業中 수업중
■居眠りをする 졸다	■見つかる 들키다, 발견되다	■笑う 웃다
■恥ずかしい 부끄럽다, 창피하다	■負ける 지다	■悔しい 분하다
■途中 도중	■おばさん 아주머니	■踏む 밟다
■ヒール 하이힐	■謝る 사과하다	■頭にくる 화가 나다
■お使い 심부름	■頼む 부탁하다	■誘う 권하다
■ゲームセンター 오락실	■怒る 화내다	■弟 남동생
■壊す 부수다	■ついていない 운이 없다	■日 날

覚えましょう

01 | 수동형　　　　　　　　　　　　　　　　　　　　　　　～해지다

昨日は100点を取って、先生に褒められました。

友だちにラブレターを見られて、恥ずかしかったです。

具合が悪くて寝ていたのに、友だちに来られました。

このパソコンは色々な国で売られています。

02 | ～たら　　　　　　　　　　　　　　　　　　　　　～하면 / ～했더니

명사　　　 ： だったら
な형용사 ： だったら
い형용사 ： かったら
동사　　　 ： たら

＊품사의 과거형(た형)에 접속한다.

病気だったら、無理をしないで休んだらどうですか。

キムさんが無理だったら、他の人に頼みます。

天気がよかったら、久しぶりにドライブがしたいです。

卒業をしたら、就職するつもりです。

うちに帰ったら、誰もいませんでした。

食事をしに店に行ったら、休みでした。

03 | ～たばかり

막 ~한 참이다

お昼を食べたばかりなので、お腹がいっぱいです。

病気が治ったばかりですから、まだ走ることはできません。

3ヵ月前、日本語を始めたばかりですから、まだ下手です。

04 | 형용사의 부사형

～하게

い형용사 : 어간(い) + く
な형용사 : 어간(だ) + に

先週は夏休みだったので、友だちと楽しく遊びました。

暑かったので、髪を短く切りました。

図書館では静かにしなければなりません。

サンドイッチなら簡単に作れますよ。

- 点 점
- ラブレター 러브레터
- 売る 팔다
- 久しぶりに 오랜만에
- 就職 취직
- 治る 낫다
- いっぱい 가득
- 始める 시작하다
- 短い 짧다

- 取る 받다
- 色々な 여러가지
- 他 다른
- ドライブ 드라이브
- 誰も 아무도
- まだ 아직
- ~ヵ月 ~개월
- 先週 지난주
- 切る 자르다

- 褒める 칭찬하다
- 国 나라
- 頼む 부탁하다
- 卒業 졸업
- 食事 식사
- 走る 뛰다
- 前 전
- 髪 머리카락

01 | 例のように会話をしなさい。

1-1

例 友だち / 殴る

A どうしたんですか。

B 友だちに殴られました。

A それは大変でしたね。

(1) 犬 / あしを噛む

(2) 母 / 日記を読む

(3) ちかん / お尻を触る

(4) みんな / 笑う

(5) 母 / 起こす

(6) 友だち / 来る

(7) 子供 / 泣く

1-2 例のように文を作りなさい。

> 例 2000年にこのビルを建てました。
>
> ➲ このビルは2000年に建てられました。

(1) この工場でテレビを作っています。

➲

(2) 色々な会社でパソコンを使っています。

➲

(3) 聖書を色々な国で読んでいます。

➲

■殴る 때리다	■あし 다리	■噛む 물다
■日記 일기	■ちかん 치한	■お尻 엉덩이
■触る 만지다	■起こす 깨우다	■泣く 울다
■ビル 빌딩	■建てる 세우다	■工場 공장
■色々な 여러가지	■聖書 성경	■国 나라

02 | 例のように会話をしなさい。

> 例 雪が降ります／恋人に電話をかけます
> A 雪が降っ**たら**、どうしますか。
> B 雪が降っ**たら**、恋人に電話をかけます。

(1) 休みです/うちでごろごろします

(2) 暇です/友だちと買い物に行きます

(3) 暑いです/エアコンをつけます

(4) 風邪をひきます/薬を飲みます

(5) 宝くじに当たります/旅行に行きます

- **ごろごろする** 빈둥빈둥하다
- **エアコン** 에어컨
- **つける** 켜다
- **風邪をひく** 감기에 걸리다
- **宝くじ** 복권
- **当たる** 당첨되다

MP3を聞いて 　　　 に言葉を書きなさい。

　私は今日、遅刻して先生に 　　　　　　　　　　 。授業中は居眠りをしているのが見つかって、クラスの皆に笑われてとても恥ずかしかったです。昼休みは友だちとサッカーをしました。でも、私たちのチームが負けてしまって、とても悔しかったです。学校が終わってうちに 　　　　　　　　　 、電車の中で隣のおばさんに足を踏まれました。ヒールで踏まれたのでとても痛かったのに、おばさんは 　　　　　　　　　　 、行ってしまいました。本当に頭にきました。

　うちに帰って宿題をしていたら、母にお使いを 　　　　　　　　 。お使いに行く途中、友だちに誘われて、ゲームセンターで1時間もゲームをしてしまいました。急いで帰りましたけど、母に 　　　　　　　　 怒られました。夜、弟に買ったばかりのデジカメを壊されました。本当についていない日でした。

(1)　취직하면 성실하게 일할 생각입니다.

↺

(2)　일본어를 시작한 지 얼마 안 되었는데 일본인의 안내를 부탁받았습니다.

↺

授業 수업

授	じゅ / さず(授)かる 받다	一 扌 扌 扩 扩 扩 扩 押 押 授 授
	授	

業	ぎょう・ごう / わざ 짓, 소행	ㅣ ㅕ ㅕ ㅕ 业 业 业 業 業 業 業
	業	

きょうじゅ 教授 교수	きょう / おし(教)える 가르치다
	教授

ざんぎょう 残業 잔업	ざん / のこ(残)る 남다
	残業

チーム 팀

チーム	チーム

エアコン 에어컨

エアコン	エアコン

ドライブ 드라이브

ドライブ	ドライブ

9

きょう いく
教育

🎧 Track 09

ポイント

01 사역형
02 ～ようだ
03 ～と
04 ～なら／～ば
05 ～でしょう

教育

　最近の子供は学校の授業以外にも習い事が多くて大人よりも忙しいようです。知り合いの話では子供をたくさん遊ばせたいと思ってもなかなかできないそうです。その理由のひとつは小学校に入る前から子供に英語や絵、ピアノ、水泳などを習わせる親が多いので、一緒にさせないと不安になるそうです。また子供も、周りの子供たちがほとんど塾に通っているので、塾に通わないといじめられたり、友だちになれなかったりするから塾に通いたいと言うそうです。

　今は子供が一人しかいない家庭が多いので、子供への期待も大きくなっています。それで小さい時から色々習わせる親が多いのかもしれません。でも、小さい時からたくさん勉強させれば本当に立派な大人になるのでしょうか。

　みなさんはどう思いますか。

正しいものには○、正しくないものには X をつけなさい。

(1) 最近(さいきん)の子供は大人(おとな)よりも忙しいようです。 ------------------------------ ◯

(2) 子供が小学校(しょうがっこう)に入ってから英語や絵(え)、水泳などを習わせる親(おや)が多いです。

　　 -- ◯

(3) 子供は塾(じゅく)に通(かよ)いたくないと言うそうです。 ------------------------------ ◯

(4) 今は子供が一人(ひとり)しかいない家庭(かてい)が多くて、子供への期待(きたい)も大きくなっています。

　　 -- ◯

■以外(いがい) 이외	■習い事(ならいごと) 배우는 것	■大人(おとな) 어른
■知り合い(しりあい) 아는 사람	■なかなか 좀처럼	■小学校(しょうがっこう) 초등학교
■絵(え) 그림	■親(おや) 부모	■不安だ(ふあんだ) 불안하다
■周り(まわり) 주위	■ほとんど 거의, 대부분	■塾(じゅく) 학원
■いじめる 괴롭히다	■言う(いう) 말하다	■家庭(かてい) 가정
■期待(きたい) 기대	■それで 그래서	■本当に(ほんとうに) 정말로
■立派だ(りっぱだ) 훌륭하다		

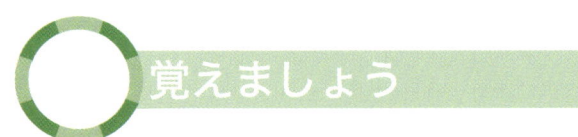 覚えましょう

01 | 사역형 ~하게 하다

おもしろい話をして妹を笑わせました。

恋人に荷物を持たせました。

中村さんにデジカメを持ってこさせました。

02 | ～ようだ ～인 것 같다

추측 : ～인 것 같다

彼は留学生のようです。

田中さんは幸せなようです。

あの二人は仲がいいようです。

山田さんは昨日授業をサボったようです。

비유 : 마치 ～인 것 같다

この部屋は蒸し暑くて、まるでサウナのようです。

あの家は立派で、まるでお城のようです。

예시 : 같은

ビルゲイツのようなお金持ちになりたいです。

生ビールのような冷たい物が飲みたいです。

03 ～と

명사 ：명사 + だ	
な형용사 : 기본형	
い형용사 : 기본형	+ と
동사 ：기본형	

子供だと無料です。

静かだとすぐ眠くなります。

駅から遠いと家賃が安いです。

化粧をするときれいになります。

04 ～なら／～ば

～하면

今週の日曜日なら(ば)一緒に行けます。

値段が同じなら(ば)こちらのかばんを買います。

寒ければ窓を閉めてもいいです。

質問があれば先生に聞いてください。

- 妹 여동생
- 持つ 들다, 가지다
- 仲がいい 사이가 좋다
- 立派だ 훌륭하다
- 生ビール 생맥주
- 化粧 화장

- 笑う 웃다
- 留学生 유학생
- サボる 땡땡이 치다
- お城 성
- 無料 무료
- 値段 가격

- 荷物 짐
- 幸せだ 행복하다
- 蒸し暑い 무덥다
- お金持ち 부자
- 家賃 집세
- 同じだ 같다

05 ～でしょう　　　　　～일 것입니다/～이지요

金曜日の会議は午前10時からでしょう。

家族旅行は来年はたぶん無理でしょう。

明日は寒いでしょうか。

2時だから彼はそろそろ来るでしょう。

- たぶん　아마
- 怒る　화내다
- 妹　여동생
- 規則　규칙
- お弁当　도시락

- そろそろ　슬슬
- 安心する　안심하다
- 泣く　울다
- 守る　지키다

- うそをつく　거짓말을 하다
- 話　이야기
- 片付ける　정리하다, 치우다
- 後輩　후배

01 | 例^{れい}のように文を作りなさい。

1-1 例 友だちは駅で待ちました

　⟳ 友だちを駅で待たせました。

(1) うそをついて、父^{ちち}が怒^{おこ}りました

　⟳

(2) 早く帰って、母^{はは}が安心^{あんしん}しました

　⟳

(3) 怖^{こわ}い話^{はなし}をして、妹^{いもうと}が泣^なきました

　⟳

1-2 例 学生はレポートを書きました

　⟳ 学生にレポートを書かせました。

(1) 子供は部屋を片付^{かたづ}けました

　⟳

(2) 学生が規則^{きそく}を守^{まも}りました

　⟳

(3) 後輩^{こうはい}はお弁当^{べんとう}を買^かいに行きました

　⟳

練習してみましょう

02 | 例のように文を作りなさい。

2-1 例 風邪をひきました
→ 風邪を**ひいた**ようです。

(1) 今日、図書館は休みです
→

(2) アンさんは魚が嫌いです
→

(3) 昨日の試験はあまり難しくありませんでした
→

(4) 吉田さんは仕事が忙しくて疲れています
→

(5) 教室には誰もいません
→

2-2 例 彼女は歌が上手です／歌手
→ 彼女は歌が上手で**まるで**歌手**の**ようです。

(1) アンさんはきれいです／女優
→

(2) 今日は暖^{あたた}かいです／春^{はる}

   ↻

(3) 私の手^ては冷たいです／氷^{こおり}

   ↻

2-3 例 父^{ちち}／いいお父^{とう}さんになりたい

   ➡ **父の**ような**いいお父さんになりたいです。**

(1) ピカソ／画家^{がか}になりたい

   ↻

(2) チョコレート／甘い物が食べたい

   ↻

(3) 京都^{きょうと}／古^{ふる}くてきれいな町^{まち}に住^すみたい

   ↻

■ 教室^{きょうしつ} 교실	■ 歌手^{かしゅ} 가수	■ 女優^{じょゆう} 여배우
■ 暖^{あたた}かい 따뜻하다	■ 春^{はる} 봄	■ 手^て 손
■ 氷^{こおり} 얼음	■ ピカソ 피카소	■ 画家^{がか} 화가
■ チョコレート 쵸콜릿	■ 町^{まち} 마을	■ ～に住^すむ ～에 살다

MP3を聞いて ⬜ に言葉を書きなさい。

　最近の子供は学校の授業以外にも習い事が多くて大人よりも忙しいようです。知り合いの話では子供をたくさん遊ばせたい ＿＿＿＿＿＿＿＿＿＿＿ なかなかできないそうです。その理由のひとつは小学校に入る前から子供に英語や絵、ピアノ、水泳などを習わせる親が多いので、一緒に ＿＿＿＿＿＿＿＿ 不安になるそうです。また子供も、周りの子供たちがほとんど塾に通っているので、塾に ＿＿＿＿＿＿＿＿＿＿＿ いじめられたり、友だちになれなかったりするから塾に通いたいと言うそうです。

　今は子供が ＿＿＿＿＿＿＿＿＿＿＿ 家庭が多いので、子供への期待も大きくなっています。それで小さい時からいろいろ習わせる親が多いのかもしれません。でも、小さい時からたくさん ＿＿＿＿＿＿＿＿＿ 本当に立派な大人になるのでしょうか。

　みなさんはどう思いますか。

作文

(1)　수업을 땡땡이 치면 나중에 항상 선생님을 만납니다.

↩

(2)　방이 더러우면 아이에게 정리하게 합니다.

↩

不安 불안

不	ふ、ぶ	一 ア オ 不
	不	
安	あん / やす(安)い 싸다	丶 丶 宀 宀 安 安
	安	
ふ べん **不便** 불편	べん / たよ(便)り 소식	
	不便	
あんしん **安心** 안심	しん / こころ(心) 마음	
	安心	

デジカメ 디지털 카메라

デジカメ　デジカメ

サウナ 사우나

サウナ　サウナ

チョコレート 초콜릿

チョコレート　チョコレート

すくすく
日本語
초급독해

10

の かい
飲み会

🎧 Track 10

ポイント

01 사역수동
02 まだ～ていません

飲み会

　今日は朝から課長に取引先に書類を取りに行かされました。でも、書類の準備がまだできていなくて、3時間も待たされました。会社に着いたら、もう昼休みの時間でした。私はお腹が空いていたので、サンドイッチを食べながら午前中できなかった仕事をしました。午後は、課長に会議の準備を手伝わされました。準備は思ったより時間がかかって大変でした。やっと準備が終わって、仕事をしようと思ったら、もう6時が過ぎていました。今日は飲み会があって、行かなければなりませんでした。飲み会では部長にお酒を無理やり飲まされました。二次会は、カラオケでしたが、歌が下手なのに、歌を歌わされました。結局うちに明け方の4時に帰りました。とても疲れる一日でした。

正しいものには○、正しくないものにはＸをつけなさい。

(1) この人は課長に会議の準備を手伝われました。 --------------------

(2) 飲み会で部長は無理にお酒を飲みました。 --------------------

(3) この人は二次会で歌を歌わされました。 --------------------

■課長 과장	■取引先 거래처	■書類 서류
■取る 집다 / 가지다	■できる 완성되다	■着く 도착하다
■午前中 오전중	■午後 오후	■思ったより 생각보다
■かかる 걸리다	■やっと 겨우	■終わる 끝나다
■過ぎる 지나다	■飲み会 회식, 술자리	■部長 부장
■無理やり 억지로	■二次会 2차	■結局 결국
■明け方 새벽	■疲れる 피곤하다	■一日 하루

01 | 사역수동　　　　　　　　　　　　　어쩔 수 없이 ~하다

1그룹 동사 : あ단 + される/せられる
2그룹 동사 : る + させられる
3그룹 동사 : 来る ⇒ 来させられる
　　　　　　する ⇒ させられる

出張<ruby>しゅっちょう</ruby>に行きたくなかったのに、社長<ruby>しゃちょう</ruby>に行かされました。(行かせられました)

試験を受<ruby>う</ruby>けたくなかったのに、先生に受<ruby>う</ruby>けさせられました。

部屋を掃除<ruby>そうじ</ruby>したくなかったのに、母にさせられました。

02 | まだ～ていません　　　　　　　　아직 ~하지 않았습니다

借<ruby>か</ruby>りた本をまだ返<ruby>かえ</ruby>していません。

宿題はまだ終わっていません。

会議の準備はまだできていません。

- 出張<ruby>しゅっちょう</ruby> 출장
- 掃除<ruby>そうじ</ruby>する 청소하다
- できる 완성되다
- 荷物<ruby>にもつ</ruby> 짐
- 片付<ruby>かたづ</ruby>ける 치우다, 정리하다
- もう 이제, 벌써
- 始<ruby>はじ</ruby>まる 시작되다

- 社長<ruby>しゃちょう</ruby> 사장
- 借<ruby>か</ruby>りる 빌리다
- 先輩<ruby>せんぱい</ruby> 선배
- 持<ruby>も</ruby>つ 들다
- 両親<ruby>りょうしん</ruby> 부모
- 出<ruby>だ</ruby>す 내다
- 予定<ruby>よてい</ruby> 예정

- 受<ruby>う</ruby>ける (시험을) 치다
- 返<ruby>かえ</ruby>す 돌려주다
- 後輩<ruby>こうはい</ruby> 후배
- 姉<ruby>あね</ruby> 언니, 누나
- 毎日<ruby>まいにち</ruby> 매일
- 予約<ruby>よやく</ruby>する 예약하다
- 決<ruby>き</ruby>まる 정해지다

01 | 例のように文を作りなさい。

> 例 先生は学生にレポートを書かせました。
>
> ⟳ 学生は先生にレポートを**書かされました**。

(1) パクさんは恋人に高い服を買わせました。
> ⟳

(2) 先輩は後輩に荷物を持たせました。
> ⟳

(3) 姉は私に部屋を片付けさせました。
> ⟳

(4) 両親は私たちを毎日勉強させました。
> ⟳

(5) 田中さんはチェさんを飲み会に来させました。
> ⟳

02 | 例のように会話をしなさい。

> 例 A 書類はもう出しましたか。
>
> B はい、もう**出しました**。
>
> いいえ、まだ**出していません**。

(1) A 仕事はもう終わりましたか。
> B

(2) A 旅行のホテルはもう予約しましたか。
> B

(3) A 会議はもう始まりましたか。
> B

(4) A 週末の予定はもう決まりましたか。
> B

MP3を聞いて ____ に言葉を書きなさい。

　　今日は朝から課長に取引先に書類を取りに _____ 。でも、書類の準備がまだ _____ 、3時間も待たされました。会社に着いたら、もう昼休みの時間でした。私はお腹が空いていたので、サンドイッチを食べながら午前中できなかった仕事をしました。午後は、課長に会議の準備を _____ 。準備は思ったより時間がかかって大変でした。やっと準備が終わって、仕事をしようと思ったら、もう6時が過ぎていました。今日は飲み会があって、行かなければなりませんでした。飲み会では部長にお酒を無理やり飲まされました。2次会は、カラオケでしたが、歌が下手なのに、_____ 。結局うちに明け方の4時に帰りました。とても疲れる一日でした。

作文

(1)　애인과 헤어지고 싶지 않았는데 부모님 때문에 어쩔 수 없이 헤어지게 되었습니다.

(2)　서류를 부탁받았는데 바빠서 아직 보내지 않았습니다.

書類 서류

書	しょ / か(書)く 쓰다	㇕ ㇖ ㇗ ㇘ 聿 聿 聿 書 書 書
	書	
類	るい / たぐい 같은 종류의 것	丶 丷 䒑 半 米 米 类 类 类 类 類 類 類 類 類 類 類 類
	類	
どくしょ 読書 독서	どく / よ(読)む 읽다	
	読書	
しゅるい 種類 종류	しゅ / たね(種) 종자, 씨	
	種類	

カラオケ 노래방

カラオケ カラオケ

ホテル 호텔

ホテル ホテル

サンドイッチ 샌드위치

サンドイッチ サンドイッチ

すくすく
日本語
초급독해

11

どうそうかい
同窓会

🎧 **Track 11**

ポイント

01 ～れる／～られる

02 おます形になる

ご／お動作性 명사になる (존경어)

03 おます形する

ご／お 動作性 명사する (겸양어)

04 特別敬語

05 おます形ください

ご／お 動作性 명사ください (존경어)

どうそうかい
同窓会

佐藤：明日、同窓会に行きますか。

パク：はい、先輩たちと鈴木先生もいらっしゃるそうなので、行くつもりです。佐藤さんは行かないんですか。

佐藤：はい、急用ができて、行けなくなってしまったんですよ。
鈴木先生には色々お世話になったので、お目にかかりたいんですが、残念です。

パク：そうですか。
私も鈴木先生のご指導のおかげで大学院に入ることができたので、今でも本当に感謝しています。

佐藤：明日、鈴木先生によろしくお伝えください。

パク：はい、わかりました。

正しいものには○、正しくないものには×をつけなさい。

(1) 明日の同窓会（どうそうかい）に先輩（せんぱい）と鈴木先生も来ます。 ------------------------

(2) パクさんは明日の同窓会（どうそうかい）に行けません。 ------------------------

(3) 鈴木先生のおかげで大学院（だいがくいん）に入ることができた人はパクさんです。

(4) 佐藤（さとう）さんは鈴木先生に会いたいそうです。 ------------------------

覚えましょう

01 ~れる／~られる(존경어) ~하시다

社長はさっき出かけられました。

この本は先生が書かれました。

説明書を読まれましたか。

02 おます형になる
ご／お 동작성 명사になる (존경어) ~하시다

社長はさっきお出かけになりました。

鈴木先生はもうお帰りになりましたか。

中村部長は明日ご出発になります。

こちらは24時間ご利用になれます。

03 おます형する
ご／お 동작성 명사する (겸양어) ~하다

私がタクシーをお呼びします。

すぐ荷物をお届けします。

私が会場にご案内します。

明日、こちらからお電話します。

04 특별경어

동사	의미	존경어	겸양어
行く	가다	いらっしゃる	参る
来る	오다		
いる	있다		おる
言う	말하다	おっしゃる	申す
する	하다	なさる	致す
食べる	먹다	召し上がる	いただく
飲む	마시다		
見る	보다	ご覧になる	拝見する
知る	알다	ご存じだ	存じる
会う	만나다		お目にかかる
あげる	주다		さしあげる
くれる	주다	くださる	
もらう	받다		いただく

- **社長** 사장님
- **説明書** 설명서
- **利用** 이용
- **会場** 연회장
- **さっき** 조금 전, 아까
- **部長** 부장
- **呼ぶ** 부르다
- **案内する** 안내하다
- **出かける** 외출하다
- **出発** 출발
- **届ける** 배달하다

覚えましょう

05 | **おます형 ください**
ご／お동작성 명사 ください (존경어)

~해 주세요

こちらで少々お待ちください。
しょうしょう

どうぞ、お入りください。

足元にご注意ください。
あしもと　ちゅうい

いつでもお電話ください。

- **少々** 잠시
  しょうしょう
- **いつでも** 언제든지
- **説明する** 설명하다
  せつめい

- **足元** 발 밑
  あしもと
- **引っ越す** 이사하다
  ひ　こ

- **注意** 주의
  ちゅうい
- **着く** 도착하다
  つ

01 例のように文を作りなさい。

> 例 社長はもう帰りました。
>
> ⟳ 社長はもう**帰られました**。

(1) この本は先生が書きました。

⟳

(2) 部長は明日の会議に出ますか。

⟳

(3) いつ引っ越しますか。

⟳

(4) 田中先生は韓国の歌を歌いました。

⟳

02 例のように文を作りなさい。

> 例 社長はもう帰りました。
>
> ⟳ 社長はもう**お帰りになりました**。

(1) この本は先生が書きました。

⟳

(2) この料理は鈴木さんが作りました。

⟳

(3) 社長は何時に着きますか。

⟳

(4) 田中部長が説明します。

⟳

03 例_{れい}のように文を作りなさい。

> 例 私がここで待ちます。
>
> ↻ 私がここで**お待ちします**。

(1) 私がコーヒーを入_いれます。

↻

(2) 来週_{らいしゅう}の予定_{よてい}を知_しらせます。

↻

(3) お客様_{きゃくさま}は駅まで車で送_{おく}りました。

↻

(4) 明日、こちらから連絡_{れんらく}します。

↻

04 例_{れい}のように文を作りなさい。

4-1 例 昨日は部長も来ました。
> ↻ 昨日は部長も**いらっしゃいました**。

(1) この本は鈴木先生がくれました。

↻

(2) お飲_のみ物_{もの}は何_{なに}にしますか。

↻

(3) 田中さんを知っていますか。

↻

(4) 最近映画を見ましたか。

↻

4-2 例 明日また来ます。

➡ 明日また**参ります**。

(5) 昨日、このパンフレットをもらいました。

➡

(6) 鈴木さんに会いたいんですが…。

➡

(7) 両親はソウルにいます。

➡

(8) この写真を見てもいいですか。

➡

05 例のように文を作りなさい。

例 この電話を使ってください

➡ この電話を**お使いください**。

(1) どうぞ、こちらに入ってください。

➡

(2) こちらで待ってください。

➡

(3) 新しい住所を知らせてください。

➡

(4) また利用してください。

➡

■ コーヒーを入れる　커피를 준비하다		■ 予定　예정
■ 知らせる　알리다	■ お客様　손님	■ 送る　보내다
■ 連絡する　연락하다	■ 飲み物　마실 것	■ パンフレット　팜플렛
■ 住所　주소	■ 利用　이용	

MP3を聞いて　　　　に言葉を書きなさい。

佐藤：明日、同窓会に行きますか。

パク：はい、先輩たちと鈴木先生も　　　　　　　　　そうなので、行くつもり
です。佐藤さんは行かないんですか。

佐藤：はい、　　　　　　　　　　　　、行けなくなってしまったんですよ。
鈴木先生には色々　　　　　　　　　　　　　ので、お目にかかりたいん
ですが、残念です。

パク：そうですか。
私も鈴木先生のご指導の　　　　　　　　　　　　大学院に入ることが
できたので、今でも本当に感謝しています。

佐藤：明日、鈴木先生によろしく　　　　　　　　　　　。

パク：はい、わかりました。

作文

(1) 어서 드세요.

↪

(2) 사장님을 뵙고 싶습니다.

↪

先輩 선배

先

せん / さき(先)に 먼저

丿 二 生 生 先 先

先

輩

ぱい・はい

丿 刁 ヲ ヲ 刋 非 非 非 非 彗 彗 彗 輩 輩 輩

輩

せんげつ
先月

지난 달

げつ / つき(月) 달

先月

こうはい
後輩

후배

こう / あと(後)で 나중에

後輩

パンフレット 팸플릿

パンフレット パンフレット

ソウル 서울

ソウル　　　ソウル

コーヒー 커피

コーヒー　　コーヒー

すくすく
日本語
초급독해

본문 해석 및 정답

① 취미   P. 10

내 취미는 요리를 하는 것입니다. 특히 일본요리를 좋아해서 일본요리 책도 자주 읽습니다. 하지만 평일은 일로 바쁘기 때문에 좀처럼 요리를 할 시간이 없습니다. 주말에는 친구에게 전화를 걸어서 수다를 떨기도 하고 친구와 영화를 보기도 합니다만, 대개는 서점에 갑니다. 그리고 요리 책이나 음악 CD를 사와서 집에서 음악을 들으면서 요리를 합니다. 나는 이 시간이 가장 행복합니다. 지난 주 주말에는 스키야끼를 만들었습니다. 스키야끼는 아주 간단하고 맛있었습니다. 여러분도 꼭 만들어 보세요.

② 지각   P. 20

나는 오늘 회사에 지각했습니다. 어제 오랜만에 친구를 만나서 밤 늦게까지 술을 마셨기 때문에 늦잠을 자 버렸습니다. 평소에는 아침을 먹고 회사에 갑니다만, 오늘은 밥을 먹지 않고 나왔습니다. 또한 서두르고 있었기 때문에 휴대 전화도 들지 않고 집을 나와 버렸습니다. 휴대 전화가 없어서 아주 불편했습니다. 회사까지 택시로 가려고 생각했지만, 러시아워로 길이 막히고 있기 때문에 전철로 가기로 했습니다. 하지만 전철이 좀처럼 오지 않아서 20분이나 기다렸습니다. 회사에 도착했을 때는 벌써 회의가 끝나 있었습니다. 회의에서 내가 발표하기로 되어 있었지만 늦어 버려서 발표할 수가 없었습니다.

③ 여행   P. 30

나는 여름 방학(여름 휴가)에 친구와 함께 도쿄에 여행하러 갔었습니다. 도쿄는 처음이었지만, 비행기로 2시간 밖에 걸리지 않기 때문에 곧 도착했습니다. 공항에서 호텔까지는 전철을 타고 갔습니다. 역은 아주 넓었지만, 낮이었기 때문에 사람이 적어서 조용했습니다. 역에서 호텔까지는 10분 정도로 가까웠지만, 호텔방은 좁고 매우 낡았습니다. 그리고, 우리들은 도쿄 거리를 구경하면서 걸었습니다. 친구가 예쁜 가게라든가 맛있는 가게를 많이 알고 있었기 때문에 매우 즐거웠었습니다. 밤에는 불꽃축제에 갔었습니다. 사람이 많이 있어서 붐볐지만, 불꽃은 정말로 아름다웠습니다.
다음 날 우리들은 온천에 갔었습니다. 온천은 조금 멀었지만, 거기에서 먹었던 회석요리라고 하는 음식은 색도 아름다웠고 맛있었습니다. 온천에서의 추억은 지금도 잊을 수가 없습니다.

4 선물 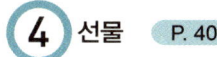 P. 40

최지혜 : 요시다 씨, 오랜만이네요. 잘 지냈어요?
요시다 : 네, 덕분에요.
　　　　요전에 이사 때는 도와 주셔서 정말로 감사했습니다.
최지혜 : 아니에요. 집을 알아보는 것 뿐이었는데요…. 새 집에서의 생활은 어떠세요?
요시다 : 집주인이 여러 가지를 가르쳐 주셔서 이제 완전히 익숙해졌습니다.
최지혜 : 그거 잘됐네요.
요시다 : 그런데, 집주인에게 선물을 하고 싶은데 무엇이 좋을까요?
최지혜 : 집주인에게요?
요시다 : 네, 다음 주 금요일이 집주인 생일이라고 합니다.
　　　　항상 맛있는 한국요리를 만들어 주거나 해서 선물을 하고 싶습니다.
최지혜 : 그렇습니까? 그렇다면, 스카프는 어때요?
요시다 : 그러네요. 봄인데다가 세련된 분이니까 스카프로 하겠습니다. 감사합니다

5 다이어트 P. 50

여러분은 다이어트를 해본 적이 있습니까?
다이어트를 하는 이유는 여러 가지 있다고 생각합니다만, '좋아하는 옷을 입고 싶어서' 다이어트를 하는 사람이 가장 많은 것 같습니다. 또 '좀 더 예뻐지고 싶어서', '건강을 위해 필요하기 때문에'라는 이유도 있습니다.
다이어트를 하는 방법은 '과음, 과식하지 않도록 한다', '밤 6시 이후에는 먹지 않도록 한다', '단 것과 과자를 줄인다' 등으로 음식에 관한 것이 많습니다. 또는 '가능한 한 엘리베이터를 타지 않고 계단을 이용하도록 한다', '가까운 곳은 걸어서 가도록 한다', '매일 운동을 한다' 등도 있습니다.
그러나 무리한 다이어트는 몸에 좋지 않습니다. 몸 생각을 하면서 자신에게 맞는 다이어트를 하는 것이 중요하다고 생각합니다.

6 도둑 P. 64

김지훈 : 다나까 씨 아파트에 불이 켜져 있어요. 누군가 와있습니까?
다나까 : 아니요. 이상하네요. 아까 외출할 때는 분명히 껐습니다만……
김지훈 : 도둑일지도 몰라요. 가봅시다.
다나까 : 아, 문이 열려 있어요.
김지훈 : 뭔가 없어진 물건은 없습니까?
다나까 : 테이블 위에 놓여 있던 디지털 카메라가 없어졌습니다.

김지훈 : 정말입니까? 잘 찾아보세요.

다나까 : 아, 서랍 안에 넣어 둔 반지와 목걸이도 없습니다. 애인한테서 받은 물건인데……

김지훈 : 역시 도둑이네요. 빨리 경찰에 신고하는 편이 좋겠습니다. 그리고 오늘은 여기에 있지 않는
편이 좋겠어요. 괜찮다면 저희 집에서 주무세요.

다나까 : 감사합니다.

⑦ 병문안 P. 76

어제는 다나까 씨의 병문안으로 병원에 다녀왔습니다. 길에서 넘어져서 다쳤다고 합니다. 생각했던 것
보다 건강해 보여서 안심했지만, 의사의 말에 의하면 1주일 정도 입원하지 않으면 안 된다고 합니다.
다나까 씨는 한국을 좋아해서 한국어와 한국 문화를 배우러 일본 대학을 휴학하고, 작년에 한국에
왔습니다. 공부를 열심히 하는 노력파이기 때문에 한국에 온 지 이제 반년이지만, 한국어도 아주 잘
합니다. 그러나 외국에서 혼자 생활하고 있기 때문에 그다지 무리하지 않았으면 좋겠습니다. 공부도
좋지만 좀 더 몸을 소중히 했으면 좋겠습니다. 그리고 빨리 건강해져서 한국에서 좋은 추억을 많이
만들었으면 좋겠습니다.

⑧ 운이 없는 날 P. 86

나는 오늘 지각해서 선생님께 꾸중을 들었습니다. 수업 중에는 졸고 있는 것을 들켜서 반 친구 모두
에게 비웃음을 당해서 아주 창피했습니다. 점심시간에는 친구와 축구를 했습니다. 하지만 우리 팀이
져 버려서 아주 분했습니다. 학교가 끝나고 집에 돌아가는 도중에 전철 안에서 옆의 아주머니에게
발을 밟혔습니다. 하이힐로 밟혔기 때문에 아주 아팠는데 아주머니는 사과하지 않고 가 버렸습니다.
정말 화가 났습니다.
집에 돌아가서 숙제를 하고 있었는데 어머니에게 심부름을 부탁 받았습니다. 심부름하러 가는 도중
에 친구가 불러서 오락실에서 한 시간이나 게임을 하고 말았습니다. 서둘러서 집에 돌아갔지만 어
머니에게 굉장히 혼났습니다. 밤에 남동생이 산 지 얼마 안된 디지털 카메라를 망가뜨려 버렸습니
다. 정말 운이 없는 하루였습니다.

⑨ 교육 P. 96

요즘 아이들은 학교 수업 이외에도 배우는 것이 많아서 어른보다도 바쁜 것 같습니다. 아는 사람의
얘기로는 아이를 많이 놀게 하고 싶다고 생각해도 좀처럼 안 된다고 합니다. 그 이유의 하나는 초등
학교에 들어가기 전부터 아이에게 영어나 그림, 피아노, 수영 등을 배우게 하는 부모가 많기 때문에,
함께 시키지 않으면 불안해진다고 합니다. 또 아이도 주위의 아이들이 거의 학원에 다니고 있어서,

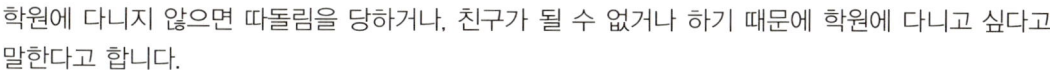

학원에 다니지 않으면 따돌림을 당하거나, 친구가 될 수 없거나 하기 때문에 학원에 다니고 싶다고 말한다고 합니다.

지금은 아이가 1명밖에 없는 가정이 많기 때문에, 아이들에게 기대도 커져 있습니다. 그래서 어렸을 때부터 여러 가지 배우게 하는 부모가 많은지도 모르겠습니다. 하지만 어렸을 때부터 공부를 많이 시키면, 정말로 훌륭한 어른이 되는 걸까요?

여러분은 어떻게 생각하세요?

10 회식 P. 108

오늘은 아침부터 과장님이 시켜서 거래처에 서류를 가지러 가게 되었습니다. 하지만 서류 준비가 아직 되어 있지 않아서 어쩔 수 없이 3시간이나 기다렸습니다. 회사에 도착했더니 벌써 점심시간이었습니다. 저는 배가 고팠기 때문에 샌드위치를 먹으면서 오전에 못했던 일을 했습니다. 오후에는 과장님이 시켜서 어쩔 수 없이 회의 준비를 돕게 되었습니다. 준비는 생각보다 시간이 걸려서 힘들었습니다. 겨우 준비가 끝나고 일을 하려고 생각했더니 벌써 6시가 지나 있었습니다. 오늘은 회식이 있어서 가지 않으면 안됐습니다. 회식에서는 부장님 때문에 술을 억지로 마시게 되었습니다. 2차는 노래방이었습니다만 노래를 잘 못하는데 어쩔 수 없이 부르게 되었습니다. 결국 집에 새벽 4시에 들어갔습니다. 아주 피곤한 하루였습니다.

11 동창회 P. 116

사토우 : 내일 동창회에 가세요?

박지우 : 예, 선배들과 스즈키 선생님도 오신다고 해서 갈 생각입니다. 사토우 씨는 안 갑니까?

사토우 : 예, 급한 일이 생겨서 갈 수 없게 되어 버렸어요.
　　　　스즈키 선생님께는 여러 가지로 신세를 졌기 때문에 만나 뵙고 싶습니다만, 유감이네요.

박지우 : 그러세요?
　　　　저도 스즈키 선생님의 지도 덕분에 대학원에 들어갈 수 있었기 때문에 지금도 정말로 감사해 하고 있습니다

사토우 : 내일 스즈키 선생님께 안부 전해 주세요.

박지우 : 예, 알겠습니다.

① 취미

대답해 봅시다 　P. 11

맞는 것에는 ○, 틀린 것에는 X를 하세요.

(1) ○ 　(2) X 　(3) ○

연습해 봅시다 　P. 15

1. (예)처럼 　　 안에 조사를 넣으세요.

(1) に

(2) から、まで

(3) で

(4) で、に

(5) が

(6) の

(7) に

(8) の

(9) に

(10) や

(11) で

(12) が

(13) に

(14) より

(15) も

2. (예)처럼 문장을 만드세요.

(1) 彼女は美人だから、人気があります。

(2) 仕事が大変だから、辞めたいです。

(3) この時計は高くないから、よく売れます。

(4) お腹が空いているから、気分が悪いです。

(5) 仕事が終わらないから、心配です。

들어 봅시다 　P. 17

MP3를 듣고 　　 에 단어를 쓰세요.

料理をすること ・ たいてい ・ 作ってみて

작문 　P. 17

(1) 私の趣味はホラー映画を見ることです。

(2) 今日は金曜日だから友だちと会って遊びます。

② 지각

대답해 봅시다 P. 21

맞는 것에는 ○, 틀린 것에는 X를 하세요.

(1) X (2) ○ (3) X (4) X

연습해 봅시다 P. 25

1. なくて 또는 ないで를 넣으세요.

(1) ないで

(2) なくて

(3) ないで

(4) ないで

(5) ないで

(6) なくて

(7) なくて

(8) ないで

(9) なくて

(10) ないで

2. (예)처럼 회화를 하세요.

(1) A: 今日からジムに通うことにしました。

B: どうしてですか。

A: やせたいからです。

(2) A: 今日から一生懸命勉強することに
しました。

B: どうしてですか。

A: 試験があるからです。

(3) A: 今日からタバコを吸わないことにしま
した。

B: どうしてですか。

A: 体に悪いからです。

3. (예)처럼 회화를 하세요.

(1) B: はい、会うことになりました。

B: いいえ、会わないことになりました。

(2) B: はい、来ることになりました。

B: いいえ、来ないことになりました。

(3) B: はい、辞めることになりました。

B: いいえ、辞めないことになりました。

들어 봅시다 P. 27

MP3를 듣고 ⬤ 에 단어를 쓰세요.

久しぶりに ・ 寝坊をして ・ 行こう ・ こと
になっていました

작문 P. 27

(1) 明日は試験だから寝ないで勉強をしようと
思います。

(2) やせたいから晩ご飯を食べないことに
しました。

③ 여행

대답해 봅시다   P. 31

맞는 것에는 ○, 틀린 것에는 X를 하세요.

(1) ○   (2) X   (3) X   (4) ○

연습해 봅시다   P. 34

1. (예)처럼 문장을 만드세요.
   (1) 土曜日は恋人の誕生日なので、プレゼントを買いに行きます。
   (2) 彼女は真面目で親切なので、人気があります。
   (3) 毎日忙しいので、疲れています。
   (4) 風邪をひいたので、病院に行きました。

2. (예)처럼 회화를 하세요.
   (1) B: 今日は休みなんです。
   (2) B: 今のうちは狭くて不便なんです。
   (3) B: 体の調子が悪いんです。
   (4) B: 寝坊したんです。

3. (예)처럼 회화를 하세요.
   (1) A: 富士山という山を知っていますか。
      B: はい、知っています。/
         いいえ、知りません。
   (2) A: 懐石料理という食べ物を知っていますか。
      B: はい、知っています。/
         いいえ、知りません。

(3) A: 恥ずかしいという言葉を知っていますか。
   B: はい、知っています。/
      いいえ、知りません。

4. (예)처럼 문장을 만드세요.
   (1) お金は少ししかありません。
   (2) 学生が2人しかいません。
   (3) 日本語はひらがなしか分かりません。
   (4) 田中さんは日本語しか話せません。

들어 봅시다   P. 37

MP3를 듣고 [　] 에 단어를 쓰세요.

初めて・見物しながら・という・思い出

작문   P. 37

(1) 海外旅行は初めてなので、楽しみにしています。
(2) 頭が痛い時は薬を飲むとか、早く寝るとかしたほうがいいです。

4 선물

대답해 봅시다   P. 41

맞는 것에는 ○, 틀린 것에는 ✕를 하세요.

(1) ✕   (2) ○   (3) ✕   (4) ○   (5) ○

연습해 봅시다   P. 44

1. 맞는 것을 선택해서 ○를 하세요.

(1) あげました

(2) もらいました

(3) あげました

(4) もらいました

(5) くれました

2. 맞는 것을 선택해서 ○를 하세요.

(1) おごってくれました

(2) 送_{おく}ってもらいました

(3) 案内_{あんない}してあげました

(4) 見せてくれました

(5) 教_{おし}えてもらいました

3. (예)처럼 회화를 하세요.

(1) B: 残業_{ざんぎょう}が多いし、休_{すく}みも少ないからです。

(2) B: 静かだし、交通_{こうつう}も便利だからです。

(3) B: 好きな色_{いろ}だし、デザインもいいからです。

(4) B: 寒いし、風邪をひいているからです。

(5) B: 雨が降っているし、遅_{おく}れたからです。

들어 봅시다   P. 46

MP3를 듣고 　　　에 단어를 쓰세요.

久_{ひさ}しぶりですね・手伝_{てつだ}ってくれて・慣_なれました・作_{つく}ってもらったり・スカーフにします

작문   P. 46

(1) 友だちの宿題_{しゅくだい}を手伝_{てつだ}ってあげて、友たちにご飯_{はん}をおごってもらいました。

(2) 彼女_{かのじょ}はおしゃれだし、きれいだから友だちが多いです。

5 다이어트

대답해 봅시다 P. 51

맞는 것에는 ○, 틀린 것에는 ✕를 하세요.

(1) ○　(2) ✕　(3) ○　(4) ✕　(5) ○

연습해 봅시다 P. 56

1. (예)처럼 회화를 하세요.

1-1

(1) はい、美人だと思います。

いいえ、美人じゃないと思います。

(2) はい、真面目だと思います。

いいえ、真面目じゃないと思います。

(3) はい、(性格が)いいと思います。

いいえ、(性格が)よくないと思います。

(4) はい、(英語が)できると思います。

いいえ、(英語が)できないと思います。

(5) はい、していると思います。

いいえ、結婚していないと思います。

1-2

(1) はい、いい子だったと思います。

いいえ、いい子じゃなかったと思います。

(2) はい、かわいかったと思います。

いいえ、かわいくなかったと思います。

(3) はい、(勉強が)好きだったと思います。

いいえ、(勉強が)好きじゃなかったと思います。

(4) はい、(人気が)あったと思います。

いいえ、(人気が)なかったと思います。

(5) はい、太っていたと思います。

いいえ、太っていなかったと思います。

2. (예)처럼 문장을 만드세요.

(1) ダイエットのために甘い物やお菓子を控えています。

(2) 日本語が上手になるために毎日勉強しています。

(3) 留学するために会社を辞めようと思っています。

3. (예)처럼 문장을 만드세요.

(1) 授業に間に合うようにタクシーで行きました。

(2) 早く病気が治るように毎日薬を飲んでいます。

(3) 傘を忘れないように注意しています。

(4) 試験に落ちないように頑張っています。

(5) 太らないように毎日運動しています。

4. (예)처럼 문장을 만드세요.

(1) 日本語を習って日本語であいさつができるようになりました。

(2) 今は簡単な日本料理が作れるようになりました。

(3) 最近、朝早く起きられるようになりました。

(4) 練習して海で泳げるようになりました。

MP3를 듣고 ⬤ 에 단어를 쓰세요.

ようになりたい ・ ために ・ 控^{ひか}える ・ よう
にする

작문   P. 61

(1) 結婚^{けっこん}するためにお金^{かね}を貯^ためています。
(2) 頑張^{がんば}って練習^{れんしゅう}して、今^{いま}は泳^{およ}げるように
なりました。

6 도둑

대답해 봅시다   P. 65

맞는 것에는 ○, 틀린 것에는 X를 하세요.
(1) ○   (2) X   (3) X   (4) X

연습해 봅시다   P. 69

1. (예)처럼 문장을 만드세요.

(1) ドアが閉^しまっています。/
   ドアが閉^しめてあります。
(2) 服がかかっています。/
   服がかけてあります。
(3) 電気^{でんき}がついています。/
   電気^{でんき}がつけてあります。
(4) 本が並^{なら}んでいます。/
   本が並^{なら}べてあります。
(5) テレビが壊^{こわ}れています。
(6) スタンドが倒^{たお}れています。
(7) 花が置^おいてあります。

2. (예)처럼 동사를 적당한 형태로 바꾸세요.
(1) あげる
(2) 買った
(3) 集^{あつ}めている / 集^{あつ}めた
(4) 作った
(5) ある / もらった
(6) 壊^{こわ}れた / 壊^{こわ}れている
(7) 話している

3. 「のに」 또는 「ので」를 넣어서 문장을 만드세요.
   (1) なのに

   (2) なので

   (3) のに

   (4) のに

   (5) ので

   (6) ので

   (7) ので

   (8) なのに

들어 봅시다 P. 72
MP3를 듣고 에 단어를 쓰세요.

ついています ・ 入れておいた ・ 物なのに

작문 P. 72
(1) 窓が開いている(開けてある)から、後で
   閉めておいてください。

(2) 昨日買ったデジカメなのにもう壊れてし
   まいました。

대답해 봅시다 P. 77
맞는 것에는 ○, 틀린 것에는 ✕를 하세요.
   (1) ○   (2) ✕   (3) ✕

연습해 봅시다 P. 80
1. (예)처럼 문장을 만드세요.
1-1
   (1) 眠そうです。

   (2) 暇そうです。

   (3) 便利そうです。

   (4) 雨が降りそうです。

   (5) たくさん入りそうです。

1-2
   (1) 眠そうな子供です。

   (2) 暇そうな人です。

   (3) 便利そうなパソコンです。

   (4) 雨が降りそうな天気です。

   (5) たくさん入りそうなかばんです。

1-3
   (1) 眠そうに座っています

   (2) 暇そうにテレビを見ています

   (3) 便利そうに使っています

2. (예)처럼 회화를 하세요.
   (1) A: 友だちに何をしてほしいですか。
      B: 宿題を手伝ってほしいです。

   (2) A: ジョンさんに何をしてほしいですか。
      B: 英語を教えてほしいです。

(3) A: 田中さんに何<ruby>何<rt>なに</rt></ruby>をしてほしいですか。

B: 日本人の友だちを<ruby>紹介<rt>しょうかい</rt></ruby>してほしいです。

3. (예)처럼 회화를 하세요.

(1) A: 学生に<ruby>何<rt>なに</rt></ruby>をしないでほしいですか。

B: <ruby>授業<rt>じゅぎょう</rt></ruby>に<ruby>遅<rt>おく</rt></ruby>れないでほしいです。

(2) A: 友だちに<ruby>何<rt>なに</rt></ruby>をしないでほしいですか。

B: 約束を<ruby>忘<rt>わす</rt></ruby>れないでほしいです。

(3) A: 子供に<ruby>何<rt>なに</rt></ruby>をしないでほしいですか。

B: うそをつかないでほしいです。

들어 봅시다　　P. 83

MP3를 듣고 　　 에 단어를 쓰세요.

<ruby>転<rt>ころ</rt></ruby>んで ・ <ruby>元気<rt>げんき</rt></ruby>そうで ・ <ruby>頑張<rt>がんば</rt></ruby>りやさん ・
<ruby>一人暮<rt>ひとりぐ</rt></ruby>らし ・ <ruby>大事<rt>だいじ</rt></ruby>にしてほしいです

작문　　P. 83

(1) <ruby>彼<rt>かれ</rt></ruby>は私が<ruby>作<rt>つく</rt></ruby>った料理をおいしそうに

食べています。

(2) 恋人に私との<ruby>思<rt>おも</rt></ruby>い<ruby>出<rt>で</rt></ruby>を<ruby>大事<rt>だいじ</rt></ruby>にしてほし

いです。

⑧ 운이 없는 날

대답해 봅시다　　P. 87

맞는 것에는 ○, 틀린 것에는 ╳를 하세요.

(1) ╳　(2) ╳　(3) ╳　(4) ○

연습해 봅시다　　P. 90

1. (예)처럼 회화를 하세요.

(1) A: どうしたんですか。

B: 犬にあしを<ruby>噛<rt>か</rt></ruby>まれました。

A: それは大変でしたね。

(2) A: どうしたんですか。

B: <ruby>母<rt>はは</rt></ruby>に<ruby>日記<rt>にっき</rt></ruby>を<ruby>読<rt>よ</rt></ruby>まれました。

A: それは大変でしたね。

(3) A: どうしたんですか。

B: ちかんに<ruby>お尻<rt>しり</rt></ruby>を<ruby>触<rt>さわ</rt></ruby>られました。

A: それは大変でしたね。

(4) A: どうしたんですか。

B: みんなに<ruby>笑<rt>わら</rt></ruby>われました。

A: それは大変でしたね。

(5) A: どうしたんですか。

B: 母に<ruby>起<rt>お</rt></ruby>こされました。

A: それは大変でしたね。

(6) A: どうしたんですか。

B: 友だちに<ruby>来<rt>こ</rt></ruby>られました。

A: それは大変でしたね。

(7) A: どうしたんですか。

B: 子供に<ruby>泣<rt>な</rt></ruby>かれました。

A: それは大変でしたね。

1–2. (예)처럼 문장을 만드세요.

(1) テレビはこの工場で作られています。

(2) パソコンは色々な会社で使われています。

(3) 聖書は色々な国で読まれています。

2. (예)처럼 회화를 하세요.

(1) A: 休みだったら、どうしますか。

B: 休みだったら、うちでごろごろします。

(2) A: 暇だったら、どうしますか。

B: 暇だったら、友だちと買い物に行きます。

(3) A: 暑かったら、どうしますか。

B: 暑かったら、エアコンをつけます。

(4) A: 風邪をひいたら、どうしますか。

B: 風邪をひいたら、薬を飲みます。

(5) A: 宝くじに当たったら、どうしますか。

B: 宝くじに当たったら、旅行に行きます。

들어 봅시다   P. 93

MP3를 듣고 ⬭ 에 단어를 쓰세요.

叱られました ・ 帰る途中 ・ 謝らないで ・
頼まれました ・ すごく

작문   P. 93

(1) 就職したら真面目に仕事をする(働く)つ
もりです。

(2) 日本語を始めたばかりなのに、日本人
の案内を頼まれました。

9 교육

대답해 봅시다   P. 97

맞는 것에는 ○, 틀린 것에는 X를 하세요.

(1) ○   (2) X   (3) X   (4) ○

연습해 봅시다   P. 101

1. (예)처럼 문장을 만드세요.

1–1

(1) うそをついて、父を怒らせました。

(2) 早く帰って、母を安心させました。

(3) 怖い話をして、妹を泣かせました。

1–2

(1) 子供に部屋を片付けさせました。

(2) 学生に規則を守らせました。

(3) 後輩にお弁当を買いに行かせました。

2. (예)처럼 문장을 만드세요.

2–1

(1) 今日、図書館は休みのようです。

(2) アンさんは魚が嫌いなようです。

(3) 昨日の試験はあまり難しくなかった
ようです。

(4) 吉田さんは仕事が忙しくて疲れている
ようです。

(5) 教室には誰もいないようです。

2–1

(1) アンさんはきれいで、まるで女優のよう
です。

(2) 今日は暖かくて、まるで春のようです。

(3) 私の手は冷たくて、まるで氷のようです。

2–3

(1) ピカソのような画家になりたいです。

(2) チョコレートのような甘い物が食べたいです。

(3) 京都のような古くてきれいな町に住みたいです。

들어 봅시다   P. 104

MP3를 듣고 에 단어를 쓰세요.

と思っても ・ させないと ・ 通わないと ・
一人しかいない ・ 勉強させれば

작문   P. 104

(1) 授業をサボると後でいつも先生に会います。

(2) 部屋が汚ければ子供に片付けさせます。

⑩ 회식

대답해 봅시다   P. 109

맞는 것에는 ◯, 틀린 것에는 ✕를 하세요.

(1) ✕   (2) ✕   (3) ◯

연습해 봅시다   P. 111

1. (예)처럼 문장을 만드세요.

(1) 恋人はパクさんに高い服を買わされました(買わせられました)。

(2) 後輩は先輩に荷物を持たされました(持たせられました)。

(3) 私は姉に部屋を片付けさせられました。

(4) 私たちは両親に毎日勉強させられました。

(5) チェさんは田中さんに飲み会に来させられました。

2. (예)처럼 회화를 하세요.

(1) B: はい、もう終わりました。

B: いいえ、まだ終わっていません。

(2) B: はい、もう予約しました。

B: いいえ、まだ予約していません。

(3) B: はい、もう始まりました。

B: いいえ、まだ始まっていません。

(4) B: はい、もう決まりました。

B: いいえ、まだ決まっていません。

들어 봅시다   P. 112

MP3를 듣고 에 단어를 쓰세요.

行かされました ・ できていなくて ・ 手伝
わされました ・ 歌を歌わされました

(1) 恋人と別れたくなかったのに、両親に別れさせられました。

(2) 書類を頼まれたのに、忙しくてまだ送っていません。

⑪ 동창회

대답해 봅시다   P. 117

맞는 것에는 ○, 틀린 것에는 ✕를 하세요.

(1) ○   (2) ✕   (3) ○   (4) ○

연습해 봅시다   P. 121

1. (예)처럼 문장을 만드세요.

   (1) この本は先生が書かれました。

   (2) 部長は明日の会議に出られますか。

   (3) いつ引っ越されますか。

   (4) 田中先生は韓国の歌を歌われました。

2. (예)처럼 문장을 만드세요.

   (1) この本は先生がお書きになりました。

   (2) この料理は鈴木さんがお作りになりました。

   (3) 社長は何時にお着きになりますか。

   (4) 田中部長がご説明になります。

3. (예)처럼 문장을 만드세요.

   (1) 私がコーヒーをお入れします。

   (2) 来週の予定をお知らせします。

   (3) お客様は駅まで車でお送りしました。

   (4) 明日、こちらからご連絡します。

4. (예)처럼 문장을 만드세요.

   4—1

   (1) この本は鈴木先生がくださいました。

   (2) お飲み物は何になさいますか。

   (3) 田中さんをご存じですか。

(4) 最近映画をご覧になりましたか。

4-2

(1) 昨日、このパンプレットをいただきました。

(2) 鈴木さんにお目にかかりたいんですが…。

(3) 両親はソウルにおります。

(4) この写真を拝見してもいいですか。

5. (예)처럼 문장을 만드세요.

(1) どうぞ、こちらにお入りください。

(2) こちらでお待ちください。

(3) 新しい住所をお知らせください。

(4) またご利用ください。

들어 봅시다　　P. 124

MP3를 듣고 　　　에 단어를 쓰세요.

いらっしゃる ・ 急用ができて ・ お世話に

なった ・ おかげで ・ お伝えください

작문　　P. 124

(1) どうぞ、お召し上がりください。

(2) 社長にお目にかかりたいです。

'외워 봅시다'와 '연습해 봅시다'의 예문에 대
한 자세한 해석은 www.pagodabook.com에
서 다운로드하여 사용하시기 바랍니다.